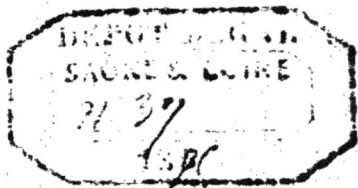

I.

———

> Le ciel a, cette nuit, tant d'étoiles tremblantes,
> Que l'on dirait à voir leurs flammes chancelantes,
> Que sur l'ombre terrestre elles semblent pleuvoir
> Et semer de leurs feux les ténèbres du soir.
>
> Th. Bosq.

C'est par une belle nuit du mois de mai 1869 que nous quittons la ville de Marseille, sac au dos, lanternes allumées, armés de nos bâtons ferrés ; nous nous dirigeons vers Cassis, par le chemin de Ste-Marguerite, chemin bordé parfois de jolies villas, mais parfois aussi de logis prétentieux et de châteaux d'une architecture bizarre. Après avoir traversé le vallon de Vaufrège, où se trouvent de grandes usines de ciment, nous arrivons au sommet de la montagne qui ferme le territoire de Marseille à l'est. C'est une haute colline, dont une partie est boisée et l'autre partie dénudée, abrupte, au flanc de laquelle tourne la route qui

1

conduit à Cassis. Comme au mois de juin, l'on voit quelques rares genêts aux grappes d'or mêlés aux pins d'alep, aux fleurs agrestes et aux plantes aromatiques, dernier tribut de la terre productive, on a donné le nom de *Ginesto* à la rude montée que nous venons de gravir ; nous jetons un coup d'œil sur l'ancien chemin qui serpente dans l'étroit vallon au pied de ces hauteurs, ce chemin est moins long, moins scabreux.

O vieih camias ! O vieilleis dralos !
Lou tèm, que bouleverso tout,
Dé sa man séco vous entralo
Et vous escafo dé partout.

C. DAUPHIN.

Nous ne comprenons pas que des ingénieurs aient pu se décider à tracer la rampe que nous venons de gravir, à moins que ce ne soit pour continuer le chemin qui dessert les usines de ciment.

Au sommet de la *Ginesto*, le peintre, le poète, le touriste sont amplement dédommagés de la rudesse du calvaire par le magnifique panorama qui se déroule à leurs pieds : à droite le territoire de Marseille avec ses villages, ses villas, ses châteaux, ses clochers, ses bouquets de pins et la verdure vigoureuse due à son canal ; à gauche le cap Canaille, à la terre rouge, mélangée de gris, aux bois sombres, séparant Cassis de la Ciotat, cette petite ville toute fière de son Hôtel-de-Ville et des ateliers des Messageries maritimes.

Nous restons un moment plongés dans la rêverie où nous jette ce spectacle magique, laissant errer nos regards à travers l'espace vaporeux, semblable à un voile de gaz, tendu sur la cité Phocéenne.

Arrivés sur un joli plateau de la plaine de *Carpiagne*, élevé de 200 mètres environ au dessus du niveau de la mer, nous dressons notre premier campement au milieu du thym, du romarin, de la lavande et de la sauge ayant à notre droite les montagnes de *Puget* ou de la Gradule, hautes de 633 mètres au dessus de la mer, à notre gauche, celles de St-Cyr, qui les surpassent encore de 100 mètres. — Ce massif qui ne discontinue plus jusque dans le département du Var, est tout calcaire très compacte, divisé par bancs réguliers, susceptibles de fournir de belles pierres, destinées aux constructions les plus solides.

Le premier déjeuner est à peine terminé, le point du jour commence ; la lune devient plus pâle. Déjà l'aurore peint la cime des montagnes de sa couche purpurine, quand plusieurs *francs-camina res* tentent l'escalade du pic de la montagne de la Gradule et arrivent bientôt au sommet, non sans être essoufflés ; mais ils sont largement dédommagés en assistant à un lever de soleil splendide. D'un côté l'astre brillant et de l'autre l'immense nappe de la mer qui s'étend à perte de vue, blanche et unie comme le cristal.

Le clairon ayant sonné le ralliement, nous remettons sac au dos et continuons notre route vers Cassis par un vieux chemin bordé de buissons remplis de petits oiseaux, qui saluent de leurs chants notre troupe joyeuse. Parfois quelques beaux papillons d'or aux doux tons orangés, ivres d'air, de soleil et de parfums des fleurs, voltigeant devant nous, semblent des éclaireurs venant nous guider dans notre route.

Après avoir dépassé le Logisson, où nous buvons chacun un bon verre de lait, nous sommes à deux kilomètres environ de Cassis ; croyant arriver plus vite, nous abandonnons le chemin, les sentiers tracés et nous nous jetons à travers une vaste plaine inculte et pierreuse, sillonnée par des *Drayos*, ce qui me rappelle les vers de mon ami Casimir Dauphin, l'auteur *des Vieils Camins*.

> Leissa-mé lou trapiar aquéou vieil soou de draios,
> Aquéou vieil gazoun prin et vert !
> O! leissa-mi respirar l'air
> Mounté l'or d'ou souléou, émé lou parfum raio.

Quel ne fut pas notre étonnement en arrivant à l'extrémité de la plaine, de nous trouver, non à Cassis, mais au sommet des carrières de pierres froides qui sont séparées de la ville par un vrai précipice, lit d'un torrent, qu'un pâtre dont nous entendons bêler le troupeau qu'il laisse errer et paître sous la garde vigilante de son chien, nous assure se nommer *lou Vallat dèi Brayos*. Ne voulant pas revenir sur nos pas à travers un champ pierreux, et comptant sur nos bâtons ferrés nous descendons non sans peine, au fond des dites carrières pour grimper ensuite le versant opposé, manœuvre ingrate que nous exécutons au son du clairon en riant des maladroits qui se laissent tomber et glisser sur les petits cailloux, ce qui les oblige à recommencer leur ascension. Quelques minutes plus tard nous entrons dans cette petite ville si coquette, qu'un proverbe provençal ne craint pas de dire :

> Qu'a vis Paris
> E a pa vis Cassis,
> A ren vis.

Après avoir renouvelé nos provisions et surtout nous être procuré du poisson frais, nous allons camper au bord de la plage, sous les ruines du château, qu'au moyen-âge on appelait *Castrum carsicis.*

Les tentes dressées, pendant que notre *Vatel* se met en mesure de faire la bouillabaisse, *l'issame dei francs caminaires,* semblable à une bande de passereaux, prend sa volée, les uns à la recherche d'épaves pour alimenter le feu de notre cuisine improvisée, les autres s'en vont sur les rochers détacher des *Arapèdes,* plonger des oursins et autres coquillages ; quant au Président, se rappelant les vers de Frédéric Mistral, conteur de *Mireio.*

> Amariéu ben Cassis me semble ! que chalun
> De respira dins sa peitrino...
> Lou salabrun de la marino...

Il était à la recherche d'un lieu qui put fournir un brin d'ombre, quand, tout-à-coup, il aperçoit sur le sable argenté un poulpe aux bras nombreux hérissés de ventouses, de suçoirs à la face interne et mobile dans tous les sens, à la tête hideuse, aux yeux à iris doré et à pupile noire, à l'affût d'une proie quelconque. Avant que la pieuvre eut songé à fuir *nouestré capoulié aganto leu soun bastoun ques pounchu autan qu'uno fichouiro*, perce le laid mollusque s'en empare et vient présenter aux *caminaires* sa capture.

Après avoir mangé nos *tranchos safranados*, arrosées de vin du terroir, savouré le moka, fait un peu de sieste, nous mettons sac au dos et en-levons d'assaut l'ancien château, en passant par un sentier impraticable où le pied glisse parfois sur le sol, argileux à la base et pierreux au sommet. Nous prenons presque en droite ligne jusqu'à la porte. Arrivés là il nous faut passer sur des poutres vermoulues, servant de tablier à un pont-levis veuf de ses planches transversalles. Maîtres de la place nous plantons notre guidon sur les mu-railles de l'ancienne forteresse. Celle-ci démolie en partie, pendant l'hiver de 1858, est descendue, malgré ses tours, sa double enceinte, son pont-levis au rang de simple batterie (sans canons.)

Le château de Cassis forme un parallélogramme irrégulier, ayant deux enceintes dont la première a quatre tours carrées, placées aux extrémités et au centre. La porte fait face au nord, elle est

précédée d'une terrasse à laquelle on arrive par
un escalier de 15 marches, au haut duquel est un
petit pont-levis (dont nous avons déjà parlé)
reposant sur le seuil d'une porte étroite qui donne
dans un second escalier couvert dont l'issue est
sur la terrasse même. Le château est dominé par
une tourelle ronde dont l'élévation primitive
paraît bien réduite et qui servait probablement de
vigie. Désirant visiter l'intérieur de l'ancienne
citadelle, habitée aujourd'hui par des herbivores,
des mangeurs de choux, nous détachons un *franc-
caminaïré* auprès du concierge de l'Hotel-de-Ville
détenteur de la clef. Ce fonctionnaire municipal
ayant refusé la permission, nous nous décidons,
en vrais touristes, à franchir un fossé assez profond
mais à sec, avec l'aide de nos bâtons, et, de nos
ceinturons ajoutés les uns aux autres, afin de par-
courir le chemin de ronde, à la recherche d'une
brèche donnant accès à l'intérieur. N'en ayant
point trouvé, nous revenons sur la terrasse du
château pour jouir d'un magnifique panorama,
en compagnie de jeunes *cassideines* qui, attirées
par la curiosité et intriguées de voir flotter un
drapeau inconnu d'elles sur les ruines de l'ancien
Castrum, avaient jugé à propos de venir reconnaître ces nouveaux envahisseurs.

De la terrasse nous dominons la ville, qu'en-
tourent de jolies maisons de campagne construites
au milieu de vignes, de vergers d'oliviers et de
figuiers; le port, dont l'eau est si limpide qu'on y

voit marcher les *favouilles* et nager les poissons, et enfin, cette mer azurée que bornent d'un côté les rochers blancs de la *Cacau*, et de l'autre, la cime rouge du *Baou Canaillo*, élevé de 416 mètres au-dessus du niveau de la mer.

La ville de Cassis est située à 22 kilomètres de Marseille, bâtie sur les bords de la Méditerranée, sa population est de 1965 habitants, elle était en 1835, de 2050 habitants.

La ville de Cassis est fort ancienne, elle se trouve mentionnée dans l'*Itinéraire Maritime* d'Antonin, sous le nom de *Carcicis Portus*. Elle était alors située au fond du golfe de l'Arène, d'après l'excellente publication du membre honoraire de notre société, Alfred Saurel, intitulée *Statistique de la commune de Cassis*, sur l'emplacement du Cassis actuel, puis transportée en partie au fond du même golfe de l'Arène, entourée de remparts, ornée d'un temple, pourvue d'un acqueduc et possédant un beau port. Les Lombards ayant détruit cette compagnie phocéenne de fond en comble en 173, les habitants se transportèrent sur le château actuel, où ils se fortifièrent pour se garantir contre de nouveaux malheurs. Au commencement du XIII° siècle, cette position fut encore abandonnée pour l'emplacement où existe la ville actuelle, qui occupe le fond d'une vallée très étroite, dont les côteaux, plantés en vignes étagées, produisent des vins blancs très estimés et surtout le muscat.

Oh! se lou tastavias! l'abiho

N'a pas de méu plus dous, et briho

Coume un lindé diament, é sent lou roumaniéu

E mai lou brusc, e mai la nerto,

Qu'à nosti colo fau cuberto,

N'escoularieu un flasco, aro, en lou teniéu.

F. MISTRAL (*Calendau*).

Cassis est une très-jolie petite ville, bien percée, bien bâtie, formée de maisons d'une propreté et d'une élégance remarquables. L'une des places publiques est ornée d'une belle fontaine, dont l'eau est abondante et d'une grande pureté. Le port, bordé de quais spacieux, est garanti par un môle de 130 mètres de long et renferme un bassin d'une superficie de 2 hectares et demie. Il peut contenir de 60 à 70 navires d'un tonnage moyen. Ce petit port en miniature offre un excellent abri, non seulement aux bâtiments de commerce, mais encore à ceux de l'Etat.

Cassis possède deux belles églises, l'une consacrée par monseigneur de Belzunce en 1718 et l'autre toute moderne ; une succursale de l'œuvre de la jeunesse de Marseille, un tribunal de pêche, un joli square, un chantier de construction et un hopital-hospice. Les pierres froides, le vin, l'huile et le corail que Pline appelait *cora elium laudates simum*, sont les principales branches du commerce du pays. La pêche du corail y est bien négligée aujourd'hui, bien qu'autrefois elle en ait fait la richesse. Il faut y joindre la pêche du poisson encore florissante. Ceci nous rappelle *lei peissouniers de Cassis*, avant le chemin de fer de Marseille à Toulon, passant comme l'éclair dans un nuage de poussière, portant le produit de la pêche à Marseille, les pieds nus et pantalons relevés jusqu'aux genoux. C'est aujourd'hui, avec les *carrières de pierres froides*, la principale production de la commune. Cassis est la patrie de l'abbé Barthélemy, l'auteur du *Voyage du jeune Anacharsis en Grèce*.

Les armes de Cassis sont : *d'azur à une crosse d'or, accostée de deux poissons d'argent affrontés et posés en pal.*

Après avoir pris une vue de Cassis à vol d'oiseau, nous nous dirigeons vers la gare, par un sentier pierreux, bordé de capriers aux tiges penchées, aux feuilles épineuses, et qui l'été se couvrent de calices chargés d'étamines innombrables; l'odeur la plus suave et la plus pénétrante s'en dégage alors. Tout en cheminant, nous saluons la jolie chapelle de *Ste-Croix-de-Jérusalem*, bâtie en 1852, dans le style ogival, sur les dessins de M. Bérenger de Marseille, au sommet d'une colline verte.

> Au bruit des cris perçants qui s'élèvent dans l'air,
> La machine s'ébranle et fond comme l'éclair.

Tout s'éloigne, tout fuit, et nous voilà rentrés dans notre vieille cité phocéenne.

II.

Les prés et la forêt, la plaine et la colline
Se couvraient de verdure et d'oiseaux et de fleurs;
Mille nids se cachaient sous la blanche aubépine;
De l'hiver le printemps avait séché les pleurs.

(F. Thessalus.)

Le 5 Avril 1869, il avait été décidé que nous ferions visiter le camp du *Pas-des-Lanciers* à quatre nouveaux membres de la Société dei *Franc-Caminaire*. Munis d'une permission de M. le général de division, comte d'Exéa, nous nous mettons en route le 11, dès les 3 heures du matin, sac au dos, armés de nos bâtons ferrés.

Le premier village que nous rencontrons, à 8 kilomètres de Marseille, est celui de Séon-St-André, paroisse fort ancienne (c'était un prieuré de la Major), mentionnée dans une bulle du pape Anastase IV, en l'an 1153; autrefois on rencontrait beaucoup de ruines romaines dans ce quartier.

A deux kilomètres plus loin, nous traversons le

village de St-Henry, succursale établie sous l'épiscopat de Monseigneur de Belzunce. Ce village qui était au siècle dernier un petit hameau, est aujourd'hui à cause de ses nombreuses et grandes fabriques de briqueteries, l'un des plus importants des environs de Marseille.

Les villages de Séon-St-André, Séon-St-Henry et celui de l'Estaque ne formaient anciennement qu'un seul quartier, connu sous le nom de Séon, en provençal *Ensen*. Le célèbre Pierre Puget surnommé le Michel-Ange marseillais est né dans ce quartier vers 1624.

Le quartier de Séon dans son ensemble forme un demi-cercle abrité du côté du Nord par les collines de la Viste et de Septèmes et est ouvert du côté du Midi sur la mer, ce qui rend ce site fort agréable l'hiver.

C'est sur ce rivage qu'est la tour Saumati, qui est d'une construction fort ancienne. On remarque aussi au quartier de Séon le Château des Tours ou des Tourres, propriété, depuis un demi-siècle, de la famille de Foresta.

Le château des Tours domine le bassin et jouit de la plus belle vue de tout le territoire sur la mer et sur la campagne environnante, pas un navire, pas une barque ne peut sillonner les eaux du golfe sans être aperçu de sa terrasse.

Cette petite terre appartenait avant la Révolution de 1789 à la famille d'Eyguesier ou d'Eyguisier des Tourres — on voit encore aujourd'hui buriné sur la cloche de la chapelle du dit château, qui date de deux siècles, à côté du nom du fondeur, celui de *Jacques d'Eyguisier, sieur des Tourres.*

D'après la tradition locale, à l'époque de l'invasion sarrazine, chaque fois que les pêcheurs du quartier se trouvaient menacés d'une descente de ces forbans, ils s'empressaient de se réfugier avec leurs familles dans l'enceinte fortifiée du Château des Tourres, qui par sa position était d'une défense facile.

En continuant notre route par le chemin de St-Henry, nous rencontrons à un kilomètre de ce dernier village, l'Estaque, située à 11 kilomètres de Marseille, agglomération de 1,200 âmes, bien connue des amateurs de pêche et de bouillabaisse, au-delà de laquelle on ne trouve que des montagnes coupées par des gorges et des vallons tortueux qui se relient à la Nerthe.

A qui la bando disaverto
Dei *Caminaire*, via, tout en camin fasèn,
Sous lou frountaù d'uno fabrico de cimèn,
En grosso lettro, *Prefecture de la Nertho !*
E mount es moussu lou Parfé ?
Demanda alors un *Caminaire*
Que voulié prendre soun café.
Un oubrié qu'éro un galejaire
E que fasié tuba sa pipeto au soulèu
Au caire d'un gros chiou, un dogou dei plus beù
Qu'avié de cro tant long que loi dei d'un courseri,
Li respoundé : moussu, va qui soun sécretari !

M. B.

De l'Estaque au Pas-des-Lanciers, sur un parcours de 12 kilomètres, l'aspect des lieux offre les contrastes les plus saisissants, les tableaux les plus animés, les paysages les plus pittoresques.

> Dans ces sites sauvages
> J'aime à voir sous mes pas
> Naître des paysages,
> Que je n'attendais pas.
>
> Ta. B.

Après avoir quitté les collines de la Nerthe, nous arrivons à la station du Pas-des-Lanciers, placée sur les limites d'une plaine fertile qui descend vers l'étang de Berre et le versant occidental de la chaîne élevée séparant ce bassin de celui de Marseille. Au bout d'un instant, nous sommes au camp du Pas-des-Lanciers, situé à dix minutes de la gare, entre la station et le petit village de St-Victoret, dans une plaine inculte.

Nous y retrouvons nos anciennes connaissances de l'année dernière, de jeunes sous-officiers pleins d'avenir et qui supportent patiemment et même gaiement les ennuis du service, ils s'empressent de nous accueillir avec cette cordialité qui distingue le soldat français.

Le camp du Pas-des-Lanciers date de l'année 1868, lors de l'adoption en France des armes à longue portée, lesquelles nécessitent des champs de tir d'une assez grande étendue, ce qui obligea le Gouvernement de créer pour l'instruction de l'infanterie, des camps permanents, là où les polygones d'artillerie n'existent pas.

Le camp se compose, cette année, de 1,400 hommes fournis par les 48°, 99° et 22° de ligne, qui doivent être remplacés au bout d'un mois par de nouveaux détachements; il est placé sous le commandement supérieur d'un colonel dont la tente festonnée de bleu, occupe le centre. Chaque capitaine a une tente particulière; les lieutenants et sous-lieutenants ont une tente à deux; les sous-officiers sont six par six sous leur abri de toile; enfin, les soldats partagent à seize la même chambrée. La diane bat tous les matins à quatre heures, et aussitôt ont lieu les exercices du tir. On passe ensuite aux travaux de creusement de tranchées. Puis viennent les corvées. Ces divers exercices terminés, le soldat est libre jusqu'à neuf heures du soir et le dimanche toute la journée.

Les cuisines sont établies sur le front de bandière du côté de la gare; elles sont ornées de fort jolis dessins, armoiries, devises, etc., le tout habilement exécuté avec des petites pierres ou des colimaçons blancs.

Les tentes pour la fabrication du pain sont établies, au bord de la rivière qui baigne les maisons de St-Victoret.

On remarque sur les bords du ruisseau de St-Victoret, à peu de distance du camp et des tentes de la boulangerie, une jolie fontaine rustique composée de cuves superposées et de tuyaux en roseaux, laquelle fournit une eau fraîche et limpide et sert à alimenter le camp.

Elle a été créée par le 22ᵐᵉ de ligne, le 24 juin de l'année 1868.

La commune de St-Victoret, à 24 kilomètres de Marseille, est extrêmement fertile.

Là se bercent les clématites,
Là s'étalent les marguerites,
Soleils d'argent, disques dorés;
L'ardent papillon y voltige
Et l'abeille, de tige en tige
Bourdonne comme sur les prés.

JULES CANONGE.

En 1837, St-Victoret n'avait que 264 habitants, il en compte aujourd'hui 500. Sa superficie est de 473 hectares.

Les moines de St-Victor de Marseille possédaient autrefois ce petit village et l'aliénèrent en 1516, vu son éloignement.

Les produits du pays sont : le blé, le vin, les oliviers, les amandiers. On y voit aussi quelques prairies.

Les armes de St-Victoret sont ; *De gueules, au rais d'escarboucle, pommeté et fleurdelisé d'or.*

C'est à St-Victoret, sous les ombrages de la petite rivière, que les officiers prennent leurs repas.

Les sous-officiers et les soldats descendent jusqu'à Marignane où ils sont heureux, le Dimanche, de se mêler avec les habitants, aux danses et aux autres plaisirs champêtres. Les habitants tirant parti du voisinage du camp

deviennent presque tous cafetiers ou cabaretiers; ce jour-là, ils improvisent partout des tables pour y faire asseoir les défenseurs de la patrie; le vin coule à flots, et il est certain qu'il se fait parfois dans une journée une consommation de plus de 3,000 bouteilles de vin; on voit que les soldats français ne sont pas seulement altérés de la soif de la gloire.

Aussi, le village ressemble-t-il le dimanche, à un vrai *roumavagi*. Des tables au milieu des places, des tables partout, même dans les culs de sac, jadis receptacle de la paille et du fumier que les villageois ont l'habitude d'étendre devant leurs maisons en guise de tapis.

Après nous avoir accompagnés dans notre visite au camp, MM. les sous-officiers improvisent un banquet en l'honneur des *Franc-Caminaire*, véritable festin de troupiers et de touristes, où les accessoires faisant un peu défaut, nous avons pour chaises des havresacs ou des planches posées sur deux escabeaux; nos assiettes et celles de MM. les sous-officiers ne suffisant pas, des couvercles de gamelles en tiennent lieu. Aussi rien de plus pittoresque et de plus original que ce banquet sous la tente.

Lei Franc-Caminairé ayant porté à MM. les sous-officiers le toast que nous reproduisons ici:

Buven à nouesto bravo armado,
A n'aqueli sourda, la glori dou païs,
Que mentenoun la pas subre nouestro encountrado

E qu'ei bord de la mar venoun pouvà sei nis.
Ounour eis enfans de la Franço
Que pourtoun aùt nouestro drapeû;
Dieû li mande la benuranço,
La joio, la santa, longo vido, pèreu
Lei vigen espandi longtemps souto aquest ceû.

M. B.

Les sous-officiers y ont répondu avec une verve et une éloquence toute militaire. Ici se place une petite anecdote. Les sous-officiers n'avaient sous la main à notre arrivée qu'un modeste lapin, par eux commandé la veille à Marignane ; c'était bien maigre pour quinze personnes ; aussi, voyant que l'on ne venait pas chercher un deuxième lapin déposé chez eux sans indication, ils jugent à propos de marier ces deux herbivores dans la même casserolle. La gibelotte est trouvée exquise, mais ne voilà-t-il pas qu'au moment de prendre le punch, on vient réclamer ce second lapin. C'était arriver un peu tard, et ne pouvant faire mieux, nous offrons au marchand le prix de son pensionnaire, en l'invitant à trinquer avec nous, ce qu'il accepte de bon cœur, oubliant le mangeur de choux et ceux qui l'attendaient.

Après le punch, nous partons pour Marignane, en chantant tous en chœur avec les sous-officiers, le couplet patriotique de notre membre honoraire Marius Bourrelly.

E s'un beû jour, nouesto patrio
Avié besoun de nouestei bras,
Coumo i'aura pas de sarrio
Dias nouestei membre jamai las,

Saren aqui per la défendre
A sa testo caminaren; ·
Jamai degun nous fara rendre.
Avan de nous rendre, mouren !

Nautri sian lei Franc-caminaire,
Franc-caminaire Provençau;
Qu'anan per-tout de cade caire,
Prendre la Prouvenço à l'assaut.

Marignane est un joli village situé à 26 kilomètres de Marseille, bâti sur les bords de l'étang
du même nom, au fond d'une petite anse. Il était
autrefois entouré de remparts qui tombent aujourd'hui en ruines et auxquels tient le château
bâti par les seigneurs des Baux vers le XIVᵉ siècle.
Ce vaste édifice, dont la façade est belle et gran-
diose, ayant été vendu à différents propriétaires
qui tiennent médiocrement à le conserver en bon
état, se dégrade journellement, et bientôt, ne
présentera plus qu'un aspect désolé.

On remarque aussi dans Marignane une église
qui est du XIIIᵉ siècle, et qui renferme un maître-
autel en bois doré très-curieux, style de la Renais-
sance. La population de cette commune es'
aujourd'hui de 2,207 habitants, elle était en 1837
de 1,633 habitants.

On ignore l'époque de sa fondation, mais on ne
la fait pas remonter au delà du XIᵉ siècle. Les
terres de Marignane avaient appartenu à Guillem,
issu de l'ancienne et puissante maison des Baux.
On lit en effet dans Nostradamus :

« Mathieux de Gezualdo avait eu charge d'armer

« et lestement équipper quatre gallères pour la
« Royne (Jeanne) ; la nécessité d'argent qui estoit
« lors l'empeschoit d'effectuer ce commandement,
« quand Guillaume des Baulx, seigneur de Mari-
« gnane, de Berre et d'Istres, se trouvant riche en
« deniers, presta une grande somme à Jehanne
« pour les choses requises et nécessaires à tels
« et si longs vaisseaux. »

Vers le XVᵉ siècle, elles devinrent la propriété
du grand Sénéchal de Provence, le fidèle et dévoué
compagnon du bon roi Réné, dont le tombeau se
voit dans l'église Sainte-Marthe de Tarascon.
Voici ce qu'on lit dans Nostradamus à la page 630 :

« L'année suivante Jean Coxa ou Cossa, comte
« de Troye, Baron de Grimaud et seigneur de
« Marignane, ayant été fait Lieutenant-général et
« grand Sénéchal de Provence, se porta en la ville
« d'Arles afin de recouvrer 24 paires de bœufs
« pour conduire l'artillerie du Duc de Calabre aux
« guerres du royaume de Naples. »

Elles passèrent ensuite au connétable de Bour-
bon, auquel elles avaient été cédées, le 26 septembre 1517, par Antoine Varey, en échange
d'autres terres que le connétable possédait dans
le Forez. A la suite de la trahison du connétable,
elles furent confisquées par François 1ᵉʳ, qui les
donna à Louise de Savoie, sa mère. Celle-ci
en fit don à Anne de Lascaris, femme de Réné,
bâtard de Savoie, comte de Tende, dont les héri-
tiers les possédèrent jusqu'au 26 février 1603,
époque à laquelle on les vendit aux enchères. Elles

devinrent ainsi la propriété de Jean-Baptiste de Covet, baron de Trets, gouverneur de la Tour de Bouc, sous qui elles furent érigées en marquisat par lettres patentes du mois de septembre 1647.

Marignane a été traversée par François 1er allant visiter la Crau, la Tour d'Entressen, la Camargue, et a joué un certain rôle pendant les guerres de Religion et de la Ligue. Elle fut prise par le gouverneur de Provence et reprise par le seigneur de Vins. On lit dans César Nostradamus, à la page 859, en parlant du gouverneur :

« Après que le Gouverneur a ployé et réduit
« sous sa main tout ce qui est de là la Durance,
« rivière meschante et sauvage, logé à Forcalquier
« Valioyeuse, qui mourut depuis au gouvernement
« de Sallon, a Manosque le capitaine Baratte qui
« avoit esté maiour de mets, et à Sisteron Rame-
« fort, asseuré de ces places, il se rend avec ses
« troupes, et trois pièces d'artillerie à Lambesc
« et à Marignane, lieu qui sans luy faire consu-
« mer balles n'y poudres sous les esclats de
« plusieurs tonnerres se rendent incontinent.
« Lambesc et Marignane rendus, il tourne ses
« courses à sainct Cannat, Vitroles et Pellissane, où
« ses gens sont si rudement recueillis et repoussez
« qu'après la perte de quelques hommes il se
« renferme dans Marignane et dans Lambesc au
« château duquel est commis Grambois. »

Quant au Seigneur de Vins, il en est question à la page 866 :

« Le XVII de may jour de mercredy, jour dédié

« à Mercure, que le village et le chasteau de Mari-
« gnane sont repris par Paris, et les compagnies de
« Vins sous une honeste composition qui leur
« est très-bien gardée par le baron Dauphinois.»

Les armes de Marignane sont *d'azur à une
grande M capitale d'or, surmontée d'une étoile de
même.*

Le 23 juin 1772 le dernier marquis de Marignane, Emmanuel-Anne-Louis de Covet, donnait
en mariage sa fille unique Marie-Marguerite-
Emélie, âgée de 18 ans, à Gabriel-Honoré de
Riquetti, comte de Mirabeau, alors capitaine des
Dragons de Penthièvre, devenu plus tard le
célèbre orateur, le fondateur, on peut le dire,
de la tribune française. C'est par suite de cette
alliance que le vulgaire désigne le château de
Marignane sous le nom de château de Mirabeau,
quoique le fameux tribun n'y ait fait que de rares
apparitions, et que son mariage ait été célébré a
Aix, dans l'hôtel de Marignane, situé rue Mazarine.

On lit dans l'histoire des *Rues d'Aix*, par Roux-
Alpheran, à l'occasion de ce mariage, l'anecdote
suivante : « Mirabeau prétendant à la main de
Mademoiselle de Marignane, que le père de cette
demoiselle refusait de lui donner en mariage,
attendu l'irrégularité de la conduite de ce pour-
suivant, gagna une femme de chambre qui lui
ouvrit furtivement la porte de l'hôtel dès le point
du jour. Il alla aussitôt se placer en manches de
chemise, le col débraillé et en caleçon à l'une des

fenêtres qui éclairent l'escalier du côté de la rue, se montrant ainsi presque nu aux regards de tous les passants. Le marquis de Marignane, s'étant réveillé au bruit que faisait à dessein Mirabeau en adressant la parole à l'un deux, accourut et croyant voir un séducteur de sa fille, il lui lança quelques propos amers auxquels celui-ci répondit : M. le Marquis, mademoiselle votre fille sera demain ma femme ou ma... Le mariage fut célébré quelques jours après. »

Après avoir fait une bonne consommation de bière et de vin chaud en l'honneur de nos hôtes, porté un dernier toast à l'armée, ayant allumé nos lanternes, nous nous dirigeons vers la gare, pour rentrer dans notre bonne ville de Marseille.

III.

A nous la mer! à nous les châteaux riverains
Où l'on s'assied pour voir courir ces flots marins
Qui donnent la vigueur à nos esprits malades ;
O pèlerins du Nord! Voila les Aygalades.

MÉRY et BARTHÉLEMY.

Le 16 juillet 1871, par une matinée radieuse, nous quittons la ville pour l'Ermitage des Aygalades. En passant aux nouveaux quartiers du Lazaret conquis sur la mer et sur la plage d'*Arenc*, un caminaïre se met à raconter à ses camarades que c'était sur cette plage que de temps immémorial la population presque entière de Marseille se donnait rendez-vous, le mercredi des Cendres, pour assister à l'exécution grotesque du carnaval personnifié par un mannequin bourré de paille appelé *Caramentran*. Le mannequin porté ou traîné à sa dernière demeure, par des jeunes gens du peuple accompagnés d'un nombreux

cortége de masques, qui chantaient son oraison
funèbre, était brûlé sur la plage, et ses cendres
jetées à la mer aux cris d'adieux de la foule. En
ce moment les *paillasses*, les *arlequins*, les *pierrots*
et les *turcs* dansaient la farandole en chantant :

Adiou paouré Carnavas!
Tu t'en vas,
E ieou reveni,
Adiou paouré Carnavas!

Pendant la marche du cortége de *Caramentran*,
une longue série de voitures de toutes les formes,
landaus, cabriolets et charrettes couvraient entièrement la ville, entre la route et le pont d'Arenc.

La plage d'Arenc était aussi pendant l'été, un
lieu de réunion pour les familles ouvrières qui y
venaient manger de *bonnes oursinados* dans les
nombreuses guinguettes échelonnées au bord de
la mer. On y remarquait le *Château vert*, renommé pour ses *bouillabaisses*, et tout à côté l'auberge
dite *Miseri*, aux tables ombragées par d'énormes
tamaris; c'était le Château vert du prolétaire.

Arrivés aux Petites Crottes, nous abandonnons
la grande route pour le chemin des Aygalades;
là se présente encore au souvenir de notre caminaïre le *Bachas* où l'on venait le troisième jour
de Pâques, au bord du ruisseau et le long des haies
d'aubépines, manger la *Lachugo* traditionnelle
que les jardiniers du quartier était heureux de
vendre.

En passant devant la grille du second monastère de la Visitation Ste-Marie, aux tourelles à poivrières, nous faisons halte pour en prendre la photographie. Nous nous remettons en marche et nous ne tardons pas à arriver au pont des Aygalades, supporté par sept arches ; de ce point nous apercevons le château du comte de Castellane (*) qui nous rappelle ces jolis vers de Méry et Barthélemy :

Au pied de ces coteaux enivrés de raisins,
Mollement adossé à de fraîches arcades,
Une villa s'endort au bruit de ses cascades,
Et le front sous l'ombrage et les pieds dans les eaux,
Se parfume de fleurs au doux chant des oiseaux !

C'est vers la fin du XVIIe siècle que le maréchal de Villars fit bâtir cette magnifique maison de plaisance qui devint sous son fils et successeur dans le gouvernement de Provence, le rendez-vous de la société élégante de Marseille pendant la belle saison.

C'est dans cette délicieuse retraite que l'ex-directeur Barras (**) obtint la permission, après la

(*) Castellane (Jules, comte de) ancien président de l'Athénée royal, membre de l'Académie de Marseille, mort dans cette ville le 24 février 1861, à l'âge de 79 ans. (Voir sa biographie dans l'almanach historique de Provence, A. Guéidon, Marseille 1862).

(**) Paul - François - Nicolas comte de Barras, né à Fox-amphoux, village de Provence, le 30 Juin 1755, mort à Chaillot près Paris le 29 janvier 1829 ; voir sa biographie dans le Plutarque Provençal publié par Alexandre Guéidon, Marseille 1856.

chûte du Directoire, de venir promener sa fastueuse
nullité, ne regrettant du pouvoir qu'il avait perdu
que le vain éclat qui l'environnait. A l'entrée du
village des Aygalades, on remarque à gauche une
jolie habitation ayant appartenu au roi Réné,
C'était tout à la fois pour ce prince simple et
religieux un asile, où libre des soins du gouvernement, il venait auprès des religieux du Mont-
Carmel se retremper dans la solitude, et un lieu
de repos où il aimait à se délasser des fatigues
de la chasse. Cette ancienne habitation royale est
aujourd'hui la propriété de M. Falque, ancien
adjoint au Maire de Marseille et ancien architecte,
qui la restaurée en lui conservant son style.

A l'entrée du village des Aygalades, vers la
gauche, nous prenons le chemin de l'Ermitage,
qui passe devant le *Châlet*, et descend ensuite
rapidement vers un petit pont jeté au-dessus du
ravin où coule le ruisseau qui arrose la vallée.
Nous remontons ensuite une côte qui nous conduit
au sommet de la Cascade. Arrivés là, nous con-
templons un tableau magnifique.

L'oiseau gazouille un chant de grâce.
Le torrent mugit dans l'espace,
L'abîme fait parler ses sauvages accents.

(Joséphine Mallet).

Sous nos pieds, des baigneurs que nous ne
pouvons apercevoir, mais dont les voix arrivent
à nous, couvertes par le bruit de la chute d'eau

tombant au fond de ce ravin ombragé de grands
arbres ; en face, de grandes collines taillées à pic
couronnées de pins se détachant sous un ciel bleu ;
à quelques pas de nous, un ruisseau frais et
limpide courant et passant à travers champs ;
tout ce paysage inondé de lumière. Nous prenons
ensuite une *draye* qui longe le ruisseau, et, après
avoir gravi un coteau boisé de pins au murmure
harmonieux, nous arrivons sur la terrasse de
l'Ermitage où nous dressons notre campement.

L'Ermitage des Aygalades, que l'on aperçoit du
chemin de Saint-Antoine, appartient à M. Salavy ;
il est entièrement creusé dans le roc, qui
se lève perpendiculaire en cet endroit. Il se
compose de plusieurs pièces et fut habité longtemps par un solitaire. Nous devons à l'obligeance
de M. Salavy d'avoir visité l'intérieur de cet asile
pieux qui mérite d'être vu, soit pour lui-même,
soit à cause de la beauté de son site. On se
croirait transporté en Suisse ou dans le Tyrol.
C'est en petit la nature accentuée du Nord.

Pendant que deux *caminaïres* s'occupent à
dresser la tente ; qu'un troisième fait la soupe sur
un fourneau improvisé, un quatrième découvre
une grotte ayant 10 mètres de large sur 7 mètres
de profondeur et 10 mètres de hauteur.

Au moment d'attendre nos victuailles, nous
voyons paraître derrière le mur bâti à pic au
sommet du roc où se trouve creusé l'Ermitage,

M. Menetrier, qui nous offre de l'eau fraîche
pour remplacer celle de nos bidons échauffée par
le soleil. Deux *caminaires* se détachent pour
recevoir la cruche d'eau. Oh! miracle! la cruche
contient les exquises primeurs de la saison, figues
poires, pêches, etc. Confus de tant de bontés, nous
nous empressons de vider l'urne miraculeuse, et
d'y déposer nos cartes et la première livraison de
nos excursions *A travers la Provence* en remerciant
M. Menetrier de la délicieuse surprise qu'il nous
a faite. Le déjeuner terminé, après avoir pris le
croquis de l'Ermitage, respiré les bonnes senteurs
des pins et remis sac au dos, nous prenons la
gauche de l'Ermitage et nous voyons tout à coup
un coin de la Suisse, de beaux arbres, des rocs
fendus, des blocs détachés couverts de mousse et
de plantes, enfin un paysage plein d'originalité
et de poésie. Il faudrait un Chateaubriand pour
en décrire les beautés.

Après avoir salué M. Salavy fils, nous revenons
vers le charmant village des Aygalades situé à 7
kilomètres 506 mètres de Marseille.

Le quartier des Aygalades, par ses eaux abon-
dantes, ses sites pittoresques et ses grands
ombrages a toujours été cher aux poètes.

Dès le XIII° siècle des moines du Mont-Carmel
en Palestine y avaient fondé un monastère que le
roi Réné de Provence érigea plus tard en couvent
royal. Ce fut le premier de cet ordre en Europe.
A côté de l'enclos des religieux du Mont-Carmel

se trouvait l'*Hôpital de Saint-Raphaël* (*) où on recevait les personnes atteintes de la teigne.

L'église des Aygalades, quoique vaste à l'intérieur, a au dehors un aspect des plus modestes. Ce serait l'ancienne chapelle du couvent et la petite place close de murs qui se trouve devant une cour du cloître.

Après avoir renouvelé nos provisions de bouche, nous poursuivons notre chemin vers le château de Fontainieu, situé à dix minutes de celui des Aygalades, dans un site des plus riches et des plus pittoresques, adossé à une colline couronnée d'un bois de pins et entouré de belles eaux et de frais ombrages :

> C'est la villa napolitaine
> Où coule une double fontaine,
> Où l'air se parfume du thym,
> Où les beaux arbres de l'allée
> Gardent à la terre voilée
> Toute la fraîcheur du matin.
>
> MÉRY et BARTHÉLEMY.

De la terrasse de cette villa princière bâtie par M. Barrigues de Fontainieu, membre de l'académie de Marseille, dont le fils fut un des bons paysagistes provençaux, on jouit d'un horizon magnifique et très-étendu ; d'un côté la mer étincelante, au loin la ville, les nouveaux ports, les îles ; de l'autre la campagne déroulant son immense

(2) En 1491, Jacques de Rémézan par son testament légua les fonds nécessaires à la réparation des bâtiments de cet hôpital qui menaçait ruine.

nappe de verdure. Sur la façade, au-dessus des
fontaines, çà et là, à l'ombre des arbres des plaques
de marbre offrent à l'œil des vers charmants gravés
en lettres d'or qui témoignent du séjour d'hôtes
poétiques dans cette pittoresque demeure. Barthélemy et Méry l'ont en effet quelque temps habitée.
Voici en quels termes ils l'appréciaient :

La vie a deux banquets pour le petit ermite,
Le coupe du nectar et le breuvage amer,
Fontaieu me l'annonce, il a pris pour limite
A l'Orient l'eau douce, à l'Occident la mer.

* *
*

Maître d'une maison dorée,
Un jour tu quitteras ces lieux,
Tes jardins ta femme adorée,
Doux plaisirs de l'homme oublieux.

Ces beaux arbres que ta main plante,
Sans toi verront bien des hivers :
Tes ans sont courts, leur vie est lente,
Tu vieilliras, ils seront verts.

Sur ton cercueil que la mort plombe
Ils te feront tous leurs adieux ;
Nul ne te suivra dans la tombe
Hormis le cyprès odieux.

* *
*

Le cri de la cité lointaine
A ses pieds meurt en arrivant.
Nous n'entendons que la fontaine
Où le pin qu'agite le vent ;
C'est un cloître aux mouvants portiques
D'arbres taillés en nefs gothiques,
Le sage y trouve un doux accueil ;
On goûte en ce lieu solitaire,

Tout le calme d'un monastère
Bâti sur l'orageux écueil.

MR. . . Y

Après avoir admiré la beauté du paysage, les *demoiselles* aux yeux verts, les insectes sur les fleurs, les énormes nénuphars jaunes entr'ouverts sur les eaux, entendu les chants des oiseaux dans les branches, le *cri-cri* des grillons dans les herbes, nous suivons la berge du canal de Marseille, qui passe derrière le château et en gravissant un coteau boisé de pins nous arrivons sur la chaîne des collines, appelées vulgairement de l'Etoile, d'où nous jouissons d'un point de vue splendide, ayant au-dessus de nos têtes un ciel sans nuages. Autour de nous les papillons voltigent de fleurs en fleurs, à nos pieds de grands pins mêlés de kermès, de romarin, de genets épineux et cachés comme des nids sous le feuillage des maisons de campagne. Au loin, la ville avec ses nouveaux ports, ses usines, son golfe. Là,

Hardi, voiles au vent. traçant un fier sillage
Passait, rapide, sur la mer,
Un vaisseau que semblait garantir du naufrage,
Sa forte cuirasse de fer.

L. de LAINCEL

Plus loin, la montée de la Viste qui poudroie au-delà l'horizon des montagnes, où par une journée ensoleillée tout s'agite et étincelle.

Par un petit chemin bordé de romarin, du kermès et de jeunes pins, nous nous acheminons

vers la grotte de la *Loubière* en passant par la Mare (*), ferme inhabitée, où l'on voit les restes d'une grande bergerie. Après avoir dépassé la Mare, croyant arriver plus vite, nous abandonnons le sentier tracé et nous cheminons devant nous à travers les coteaux incultes et pierreux, sillonnés par plusieurs *Drayes* et par de nombreuses *carraires* (**) se dirigeant en tout sens, ayant pour perspective un immense horizon de collines et de vallons très-accidentés.

> En avant! Le caprice ouvrait tout à la fois
> Vingt sentiers. Le plus rude obtint l'honneur du choix.
> Vous montiez vaillamment, touriste enthousiaste.
> Vous aviez vu l'Eden dans nos jardins fleuris,
> Mais ces gorges bientôt, à vos regards surpris,
> Montraient un éclatant contraste.
>
> CHARLES PONCY.

Enfin, après trois quarts d'heure de marche à travers ce sol couvert de broussailles, nous apercevons la grotte de la Loubière, située à 257 mètres 80 centimètres au-dessus du niveau de la mer, sur le versant de l'un des nombreux coteaux au-dessus desquels s'élève le pic de la *Grande Etoile*, qui atteint la hauteur de 598 mètres.

(*) *La Mare* est le nom d'une famille marseillaise fort riche et fort considérable au XIIIᵉ siècle.

(**) *Carraires*, chemins servant au passage des troupeaux et qui sont aussi anciens que la Provence. Un statut du comte Béranger, daté de 1235, voulait que les troupeaux qui vont et reviennent des montagnes eussent, dans tous les territoires qu'ils traversent, des *carraires* assez spacieuses pour qu'ils puissent passer commodément et y trouver quelque peu de nourriture, sans que leurs conducteurs fussent soumis à aucune redevance, ni en nature ni en espèces.

« Une société d'amateurs faisait anciennement, chaque année, au mois de septembre, une excursion à l'Etoile. Elle avait son grand maître, ses officiers, ses décorations, son drapeau. La réception des Chevaliers avait lieu au pied du grand Rocher, mais le plus sérieux de l'affaire consistait en un copieux déjeuner, servi sur la plate-forme gauloise.

« La première ascension eut lieu en 1803 et l'organisation en 1814. L'année 1829 vit les membres, fort nombreux, se réunir pour la dernière fois.

« Les archives de la Société ont été soigneusement conservées. L'étendard était blanc à une étoile d'or, le grand cordon vert, liséré d'argent. Les officiers étaient dénommés : *Pics de droite* et *Pics de gauche* ; l'orateur : *sa Clarté*. A la fin du banquet, on portait trois santés : une *formidable* à l'Etoile ; une autre, *énorme* au grand maître ; une troisième, *gracieuse* aux dames, qui avaient eu le courage de faire l'ascension. »   (MEYNIER)

On ne peut en gravir le sommet qu'à pied. Le roc qu'on escalade est d'une aridité désespérante, on n'y trouve ni arbres, ni broussailles ; mais à peine le pied est-il posé sur le plateau qu'un horizon vaste et magnifique éblouit la vue : Marseille, sa banlieue, la mer et ses îles se présentent en face, tandis que sur le revers opposé de vastes forêts de pins se cramponnent aux rochers, et, à travers des abîmes de verdure, on aperçoit les hameaux de Simiane et de Bouc. Un peu plus loin, les rues et les clochers d'Aix semblent entourés par un océan de verdure ; plus loin encore l'étang de Berre, les petites villes de Martigues et Salon se laissent aisément reconnaître, et, lorsque le ciel est pur, on distingue les neiges éternelles des Hautes-Pyrénées.

Après avoir descendu le coteau pierreux qui se trouve devant nous, nous gravissons le coteau opposé qui conduit à l'entrée de la grotte. Arrivés là, nous établissons notre campement vis-à-vis d'une grande baume, au milieu d'une solitude complète, dont le silence imposant n'est interrompu de temps en temps que par les clochettes de quelques brebis et le gaboulet d'un jeune pâtre, gardien du troupeau, paresseusement étendu sur le roc à côté de son chien.

Les tentes sont dressées, et pendant que le Vatel *dei Caminaïres* improvise un fourneau pour faire griller des côtelettes, à l'aide de thym, de romarin et de bois mort, je trouve un petit oiseau mort qui me rappelle ces jolis vers de feu notre ami Jules Canonge.

Pauvre petit oiseau resté mort sur la route,
Et qu'un peu de chaleur semble encore animer,
Ton bec qui pour chanter s'était ouvert sans doute
N'exhala que la plainte et vient de se fermer.

Je ne sais quoi de triste en tes yeux se révèle,
Cherchais-tu, quand la mort te frappa de son aile,
L'insecte ou le millet pour ta famille frêle ?

En tombant gémis-tu de ne pouvoir porter
Le duvet qu'à son nid tu voulais ajouter ?

Volais-tu plein d'ardeur à travers la campagne
Vers l'arbre où t'appelait l'amour de ta compagne,
Lorsqu'un caillou lancé par la main d'un enfant
Interrompit soudain ton essor triomphant ?.....

Touché de ton malheur, mais ne pouvant te rendre
Au nid où va languir ta famille si tendre,
On nous verra du moins pour toi mener le deuil,
T'envelopper de mousse et te faire un cercueil.

Les côtelettes grillées à point, nous nous trouvons assis autour de grosses pierres rangées symétriquement en forme de table, sur lesquelles notre secrétaire J. V. avait jeté une couverture, en guise de nappe.

Le repas terminé et le café pris, nous confions à notre chienne, *Zéphire*, la garde du campement, et après avoir allumé nos lanternes, nous être munis d'une pelotte de grosse ficelle, qui devait nous servir de fil d'Ariane, nous pénétrons dans la grotte par un couloir étroit et bas qui nous oblige à marcher courbés l'un derrière l'autre.

Ce couloir franchi, nous trouvons en contre-bas une vaste salle dont la voûte est ornée de nombreuses stalactites aux formes les plus étranges, d'un effet admirable ; à gauche, nous remarquons diverses cavernes aux voûtes peu élevées, et vers l'extrémité de cette imposante salle, un gouffre qui nous rappelle l'antre de Trophonius. Le plus jeune *dei Cuminaïres*, désirant s'assurer s'il n'y rencontrerait point l'*oracle*, se fait attacher une corde autour du corps, et se laisse glisser au fond du gouffre où existe une galerie souterraine que notre *Caminaïre* parcourt la lanterne à la main, quand tout-à-coup il trouve son chemin barré par une avalanche de blocs de pierres l'un sur l'autre écroulés et qui le force à revenir vers nous.

Le sol de cette première salle est boueux. Un industriel ayant un jour rêvé d'y faire pousser des champignons, y avait fait transporter de la terre en quantité ; les champignons n'ont pas poussé, mais la terre y est restée.

Nous montons ensuite des marches humides taillées dans le roc, et nous nous trouvons dans une galerie accidentée, qui s'étend à environ 300 mètres dans les entrailles de la colline, où se trouve un dédale de salles dont les voûtes sont, dans presque toute leur étendue, ornées de mamelles transparentes de différentes grosseurs, et dont quelques-unes distillent des gouttes d'eau. Ces salles communiquent les unes avec les autres, mais quelquefois séparées par de brusques changements de niveaux, de pentes rapides et de précipices. Aussi, n'est-il pas prudent de s'y engager sans guide.

On a conservé le souvenir de jeunes gens qui, s'étant imprudemment aventurés dans ce labyrinthe formé par toutes ces salles souterraines, s'y sont égarés, et qui, sans le dévouement de deux habitants de Château-Gombert, y seraient restés.

L'obscurité étant complète et n'ayant que la pâle lueur des bougies pour nous diriger dans notre promenade souterraine, nous attachons la ficelle dont nous sommes munis pour nous servir de fil conducteur à une stalactite opale formant une magnifique colonne, et nous continuons à monter, à tourner, en ayant soin d'éviter les gouffres; nous ne tardons pas à rencontrer un petit bassin d'eau limpide, fraîche et bonne à boire, qui se renouvelle sans cesse grâce aux gouttes tombant de la voûte. Plus loin, se présente un passage entre deux concrétions, si étroit, qu'on a de la peine à le franchir. Nous arrivons ensuite en face d'une grande salle d'un accès difficile, le sol étant plus élevé que la galerie que nous suivons et d'une pente très prononcée qui va aboutir à un abime. En nous aidant de nos bâtons ferrés, nous parvenons à y grimper.

Cette dernière partie de la grotte est magnifique, les irrégularités de sa surface, les déchirures de ses parois, ses ombres profondes, ses stalactites et stalagmites transparentes aux formes les plus fantastiques; les énormes blocs (écroulés) à facettes cristallisées qui reflètent et multiplient les rayons lumineux de nos bougies, le tout est d'un effet magique.

Arrivés aux bords de l'abime, qui ressemble assez à la fosse d'Agamède et dont, d'après la tradition, nul n'a jamais connu la fin de sa galerie lugubre, le jeune Louis. L., voulant s'assurer si la tradition disait vrai, la corde autour du corps, se laisse glisser au fond du gouffre, et, la lanterne à la main, comme Diogène, s'en va à la recherche de l'inconnu. Après avoir parcouru une certaine distance dans cette allée souterraine, il trouve le passage obstrué par d'énormes blocs de rochers qui le forcent à revenir en arrière.

Ayant tout visité, nous revenons sur nos pas et avec l'aide de notre fil d'Ariane, nous quittons ce labyrinthe à la température humide et chaude, et c'est avec une satisfaction délicieuse que nous revoyons le soleil. L'émotion que nous ressentons en nous retrouvant au grand jour après ce long et pénible voyage souterrain, qui n'a pas duré moins de trois heures, est indescriptible ; il semble que nous ressuscitons, que nous sortons d'une tombe.

Ne voulant pas revenir par les mêmes *drayos* et chemins parcourus le matin, nous suivons un sentier pierreux qui serpente entre deux collines incultes et conduit à un chemin de traverse venant se souder au chemin de Château-Gombert(*)quand, tout-à-coup, par un de ces brusques changements familiers à la Provence, au détour des collines, nous apparaît un bouquet de pins. En ce moment la lueur de la lune s'harmonisant avec les derniers rayonnements du crépuscule jetait sur ce paysage un magique reflet.

(*) Château-Gombert en latin *Castellum-Humbert* situé à 10 kilomètres de Marseille est un des plus grands villages et des plus peuplés du territoire.

Nous voici à Saint-Jérôme, village assez considérable, où le roi Réné avait établi en 1470 un
monastère de religieux observantins. L'église,
une des plus belles et des plus vastes du territoire,
ainsi que la place ombragée de beaux arbres qui
se trouve devant, dépendaient de l'ancien cloître.

Au bout d'un quart d'heure, nous débouchons à
Mal-Passé, en provençal *Maou-Passa*. Ce nom de
Mal-Passé lui vient du roi Réné, lequel possédait
dans le quartier une maison de campagne qu'il
appela château de *Maou-Passa*, parce qu'il s'y
rétablit d'une indisposition très-grave. Le quartier
portait avant le nom de *Pas-de-Rodel*.

Après avoir salué en passant l'église des Char-
treux, ancienne dépendance de la Chartreuse,
bâtie en 1633, nous ne tardons pas à rentrer chez
nous.

IV.

Vous souvient-il du jour, où dévorant l'espace.
Comme en un tourbillon, la foudre gronde et passe,
La vapeur, à travers les bois et les moissons,
Nous emportait joyeux vers d'autres horizons !

JULES CANONGE.

Le 15 Août 1868, nous montons dans le premier
train du chemin de fer de Marseille à Toulon
avec l'intention d'aller visiter les ruines de
Taurœntum (*). Arrivés à la gare de la Ciotat,
située à 37 kilomètres de Marseille, nous descendons de wagon. — De la gare à la Ciotat, sur un
parcours de 4 kilomètres, nous sommes étonnés

(*) Taurœntum, colonie phocéenne au bords de la mer à l'extrémité de la plage des Lèques.

de la grosseur des oliviers qui bordent le chemin.

Pour arriver en ville nous traversons une très-belle esplanade appelée *la Tasse* qui, dominant le golfe, offre une vue et une promenade magnifiques.

A l'extrémité de la dite promenade, en face de l'ancien château *Le Belouard*, forteresse construite en 1570, aujourd'hui démantelée, nous remarquons le nouveau et coquet Hôtel de Ville construit d'après les plans et dessins de l'architecte Martin.

La Ciotat est une jolie petite ville assise au bord de la mer au milieu d'une riante campagne plantée de grenadiers, d'oliviers et d'orangers, bien percée, dont les rues sont généralement tirées au cordeau, bordées de maisons bâties avec goût ayant presque toutes les portes et les fenêtres encadrées de pierres froides. Elle renferme des édifices religieux et une belle et vaste église paroissiale du XVIe siècle, un hospice civil, un bureau de bienfaisance, un tribunal de commerce, une école d'hydrographie, un tribunal de Prud'hommes patrons pêcheurs. C'est une curieuse et intéressante institution que celle des Prud'hommes pêcheurs, laquelle exerce sur toute cette classe honnête et laborieuse une juridiction dont les jugements sont toujours dictés par la plus stricte équité et exécutés avec la plus scrupuleuse soumission. « Les parties arrivent à l'audience de la Prud'hommie sans citation, par leur consentement mutuel et sur le seul appel du garde de la communauté, après avoir chacune déposé dans la boîte de saint Pierre une obole (10 centimes), souvenir vivant de la procédure romaine. Elles exposent elles-mêmes brièvement leurs prétentions et leurs droits. Les témoins aussitôt entendus, le jugement est prononcé immédiatement ou à l'audience suivante, toujours en provençal. Le plus souvent, la formule est celle-ci : *la lei vous coundamno*, ou bien, *tu as tort, as raisoun*. A cette brève formule, le prud'homme-président ajoute la quotité des dommages-intérêts accordés ou le chiffre de l'amende prononcée. »

Près de 10,000 pêcheurs des côtes provençales de la Méditerranée sont soumis à la juridiction de douze prud'hommies, fondées de 1431 à 1820 (*).

« Tout pêcheur titulaire d'un rôle d'équipage, qui a exercé sa profession pendant un an dans la circonscription de la prud'hommie, est électeur. Il n'est éligible qu'à la condition d'être âgé de 40 ans, d'avoir exercé pendant dix ans dans la juridiction et d'avoir servi trois années l'Etat, comme marin. »

Les Prudhommes patrons pêcheurs de Marseille portaient autrefois à leur tribunal et en cérémonie, ainsi qu'à la procession, une sorte de justaucorps, un mantelet de drap noir, une fraise autour du cou, le chapeau rond orné de plumes, des bas

(*) Voici leurs sièges et la date de leur création: Marseille, 1431; — La Ciotat, 1452; — Toulon, 1618; — Cannes, 1723; — Cassis, 1790; — Saint-Tropez, 1791; — Martigues, 1791; — Saint-Nazaire, 1792; — La Seyne, an XI; — Antibes, 1809; — Saint-Raphaël, 1811; — Bandol, 1820.

de soie noire, aujourd'hui ils ont la robe de palais.

On lit dans les *Corporations ouvrières de l'ancien régime* par M. Charles de Ribbe : « Le 13 Octobre 1431, les pêcheurs de Marseille s'assemblent et délibèrent un règlement en langue catalane, que le roi Réné sanctionna le 4 mai 1452 par des lettres patentes. Ils obtinrent alors une juridiction très-étendue pour les faits de pêche, et, selon les termes des édits royaux postérieurs. Le *droit de décider souverainement sans forme ny figure de procès, sans escriptures, ny appeler advocats ny procureurs, sur le fait, forme, ordre et manière de la pescherie, de connaître des différents et débats survenants du fait et actes de pescherie entre lesdits pescheurs.*

Tels ils étaient alors, tels ils sont restés avec leurs mœurs pures et patriarcales, et, par une exception qui n'a pas sans doute de précédent, ils ont été maintenus dans leur ancien état.

La ville de la Ciotat, d'après la statistique des Bouches-du-Rhône, occuperait à peu près l'emplacement de l'ancienne *Citharista* fondée par les Massaliotes l'an 160 avant Jésus-Christ, mentionnée dans *l'Itinéraire maritime* d'Antonin sous le nom de *Citharista-Portus.* Mais à la suite des guerres du Bas-Empire, des dévastations des Lombards, des invasions Sarrazines, les habitants se transportèrent dans l'intérieur des terres et il ne resta bientôt plus aucune trace de son existence.

La fondation de la ville actuelle remonte au règne de Raymond Bérenger IV, comte de Barcelone, devenu souverain de la Provence, époque où quelques familles de l'ancienne *Citharista* revinrent sur les bords de la mer et se livrèrent à la pêche; plus tard, des pêcheurs catalans se joignirent à ces familles et formèrent une population qui sous François 1er s'élevait à 12,000 âmes. La Ciotat devint alors un port de commerce important, renommé par ses constructions maritimes, où il se faisait des chargements considérables pour le Levant, mais elle déclina extraordinairement au XVIIIe siècle et ne reprit quelque importance qu'après la peste de 1720.

Située entre Marseille et Toulon, cette petite ville maritime semble avoir été placée là comme un spécimen de l'une et de l'autre, car elle a eu ses époques de prospérités commerciales et ses ruines; elle a vu les couleurs et entendu le canon des escadres ennemies, elle a donné des illustrations à la marine, à la médecine, aux sciences, aux lettres etc.

Le port de la Ciotat, par ses larges quais, son étendue, sa sûreté, est le troisième port français sur la Méditerranée. Il peut recevoir des navires de 300 tonneaux et même des frégates. Un môle long de 245 mètres sépare l'avant-port de la rade. Deux phares(*) à feu fixe, placés l'un sur la tête

(*) Nom donné a des tours surmontées d'un fanal au foyer lumineux qu'on établit le long des côtes pour indiquer (aux

du môle et l'autre sur la pointe du Berouard, signalent l'entrée du port, qui est défendu par le château *Berouard* dont les feux croisent avec ceux du fort Saint-Martin et des diverses batteries du golfe et par la tour et les retranchements de *l'Ile-Verte* (*), près de laquelle on voit sous l'eau une chaîne de rochers dont le plus élevé est aujourd'hui signalé aux navigateurs par une tour nommée *Cassidaigne*. On remarque sur la tour de l'Ile-Verte un plaque en marbre blanc où se trouve gravée en lettres d'or, l'inscription ci-après :

TOUR GÉRY

Ainsi nommée, sur la demande du Conseil municipal de la Ciotat et par l'ordre du Ministre de la guerre, en souvenir du lieutenant Géry de l'artillerie de marine, blessé mortellement le 1er juin 1812, lorsqu'il repoussait de l'Ile à la tête de 110 hommes une attaque de 500 Anglais.

7 juin 1852.

L'Ile-Verte, dont le nom gracieux est dû à un gazon très-fin et à une espèce de mousse qui

navigateurs) pendant la nuit le voisinage de la terre, les écueils, l'embouchure des fleuves ou l'entrée des ports.

Les phares ne furent d'abord que des feux qu'on entretenait pendant toute la nuit au sommet d'une tour ou d'une montagne, Plus tard on remplaça cet éclairage imparfait par des becs de lampes placées au foyer de miroirs paraboliques en métal poli. Aujourd'hui on emploie des lampes dont les mèches à double courant d'air et concentriques, reçoivent l'huile au moyen de petites pompes, mises en jeu par un mouvement d'horlogerie ; la lumière de ces lampes vient frapper de grosses lentilles mobiles en flint-glass, qui la renvoient ensuite dans les directions voulues.

(*) Construits pendant les guerres du premier empire pour défendre le port et le golfe contre les attaques des Anglais.

au printemps la couvrent entièrement, est au-jourd'hui un rendez-vous de pêche, de chasse et de plaisir.

La Ciotat, préservée de la peste qui affligea Marseille en 1720, devint pour cette dernière ville un port auxiliaire et lui rendit les services les plus importants. On y prit des précautions si sages, que la peste essaya vainement de franchir les barrières établies principalement par le courage, la prévoyance des femmes.

On lit dans l'*Histoire de la Ciotat* par Marin, à l'occasion de ce courage et de cette prévoyance, l'anecdote suivante : « L'entrée de la ville était fermée aux étrangers, mais les étrangers qui formaient la garnison de Marseille vinrent s'y mettre en sureté. Il était impossible aux officiers municipaux de leur en fermer les portes; les femmes firent ce qu'ils ne pouvaient faire; les unes, armées de pierres, montèrent sur les murailles, les autres, chargées de leurs enfants, formèrent une barrière en dedans et en dehors des murs. Les premières menaçaient les consuls de les assommer, s'ils admettaient les étrangers; les autres présentaient le fruit de leur tendresse aux armes des soldats, et, dans ce désordre, on ne savait quels partis prendre : on se vit forcé de capituler. Une femme proposa une condition qui fut acceptée; elle exigea, au nom de toutes, que ces troupes fissent une quarantaine aux Capucins situés hors de la ville et dans les bestides voisines et qu'on les y admit s'il était prouvé qu'ils n'étaient point attaqués de la peste. »

Les produits du pays sont l'huile, les vins, et sa principale industrie la pêche, la construction de navires de toutes grandeurs. La Ciotat renferme les vastes ateliers des Messageries maritimes fondés en 1826 par M. L. Benet, (qui possède actuellement la belle fonderie de Menpenti) lequel les céda en 1851 à la compagnie des Messageries maritimes. On y construit en moyenne deux ou trois paquebots destinés aux services transatlantiques et du Levant; quant aux navires en réparation le nombre en est considérable.

Les armes de la Ciotat sont : d'azur à une ville d'argent en face, soutenue d'une mer du même, la ville sommée d'une crosse d'or, adextrée du G et sinistrée d'un T d'argent, et au milieu de la mer une barque de Sable les voiles pliées.

La Ciotat est la patrie de l'amiral Gantheaume.

Arrivés à l'extrémité du môle de l'avant-port, un mousse qui se trouvait là avec la chaloupe de son capitaine, offre de nous passer et nous voilà bientôt, après avoir donné la pièce à ce jeune matelot, à *caminer* vers les ruines de Taurœntum, en suivant le chemin qui va de la Ciotat aux Lèques en longeant la mer ; chemin que nous abandonnons souvent pour suivre la côte sur laquelle nous remarquons un dauphin échoué. A un kilomètre avant les Lèques, nous rencontrons la borne indiquant la limite commune

aux départements des Bouches-du-Rhône et du Var ; un peu plus loin en embuscade sous un superbe olivier (*) deux préposés des douanes.

Nous voilà donc dans le Var ; sa contenance superficielle est de 722,099 hectares ; elle était, avant l'annexion de Nice à la France, de 729,627 hectares ; sa population aujourd'hui est de 357,965 habitants ; elle n'était que de 350,000 en 1847. Ce département possède une vaste étendue de bois et réunit tous les grands types de terrains. D'un côté, c'est la zone cristalline avec ses granits, ses sombres melaphyres, ses porphyres bleus ou roses et toute la variété de ses minéraux ; de l'autre, la zone calcaire avec toute la succession de ses dépôts, l'échelle de ses étages, du milieu desquelles se détachent de singuliers fossiles, spéciaux à la faune provençale. Enfin ce qui distingue encore cette partie de la Provence, c'est la réunion de tous les arbres à fruits des zones les plus opposées ; ainsi on y voit avec le pommier, le poirier, le prunier et le châtaignier naturels aux provinces du nord et du centre, d'autres arbres qui sont inconnus à celles-ci, tel que l'oranger, le citronnier, le câprier, le grenadier, le jujubier, le dattier, le caroubier, l'olivier et le figuier, etc.

Au moment d'entrer dans le hameau des Lèques

(*) Dans cette partie du Var, les oliviers sont généralement très-beaux et presque tous entourés d'une chaussée de pierres sèches, fournies par les déblais de chemins de fer et par *leis enfroundados* ; ces pierres ressemblent assez aux briques plates.

nous sommes dépassés par quatre touristes, à l'allure guerrière, sonnant avec force du clairon, à tel point que les paisibles habitants de ce pittoresque village se montrent sur les portes de leurs habitations, croyant à l'arrivée d'un détachement; nos compatriotes sont vite détrompés en nous voyant et en entendant l'idiome provençal. Le hameau des Lèques est assis sur la pente d'un coteau, dernier prolongement de la forêt de Conil, et sur le bord d'une belle plage à l'extrémité de laquelle dorment, ensevelies sous le sable, les ruines de Taurœntum. On remarque un petit port dans lequel se faisaient autrefois des chargements de bois et de vins.

La route dite du littoral qui traverse cette localité est très-ancienne, car elle existait déjà à l'époque des croisades, et sur l'emplacement occupé par ce hameau se trouvait une hôtellerie pour les nombreux voyageurs de cette époque.

Dans la chapelle du village des Lèques construite en 1779, desservie par un prêtre de l'église de Saint-Cyr, « on voit une bonne copie d'un tableau représentant la Sainte Famille attribué à un élève de Wandick, le peintre flamand Finshonius, qui a laissé d'excellents ouvrages en Provence, où il travailla pendant quelques années » ([*]).

Quel splendide panorama que le golfe des

([*]) *Notice historique sur l'église de Saint-Cyr*, par le chanoine Mag. Giraud.

Lèques! D'un côté, la sombre colline du *Bec de l'Aigle* aux formes bizarres; de l'autre, le cap Beaumelle (*beaux Mélèzes*), toujours vert, avec sa petite forteresse juchée, comme un château fort du moyen-âge, sur un rocher inaccessible; à nos pieds, un sable fin et doré; devant nous, les flots argentés de la mer chantant *uno musiquo qu'es d'en luech* et qui rappelle ces vers de Lamartine :

> Murmure autour de ma nacelle,
> Douce mer dont les flots chéris,
> Ainsi qu'une amante fidèle,
> Jettent une plainte éternelle
> Sur ces poétiques débris !

Avant d'arriver aux ruines de Taurœntum, nous cheminons sur la lisière d'un petit désert de sable mouvant, un vrai Sahara en miniature, à l'extrémité duquel s'élève un magnifique bois de pins parasol; au milieu de ce sable que le mistral remue comme des vagues, déplaçant et transformant sans cesse ses monticules, on voit, en automne, l'*Asséti de capelan*, plante aux larges touffes hérissées d'épines et de jolies fleurs. On y rencontre aussi le *Scarabée sacré*, adoré des Egyptiens.

Après avoir traversé l'*Abeourage doou Plan de la mar*, nappe d'eau formée sur le bord de la plage par le ruisseau de Saint-Come (*), où les oiseaux

(*) Ce ruisseau, qui prend sa source dans la commune de la Cadière, tire son nom de la vallée qu'il parcourt, coule sur le territoire de Saint-Cyr et se jette dans le golfe des Lèques, au pied des ruines de l'ancien Taurœntum.

de passage viennent se baigner, nous voici à l'endroit où fut le port de Taurœntum. C'est là que, pendant le siége de Marseille par Jules César, se donnèrent rendez-vous, outre la flotte de Nasidius, composée de dix-sept vaisseaux, dont quelques-uns étaient à proue d'airain, les vingt-quatre galères équipées par les Marseillais et grand nombre de barques de pêcheurs couvertes d'une pavesade sur les flancs (*), ainsi que six vaisseaux fournis par Taurœntum et d'autres bâtiments de commerce.

Ce fut dans les eaux de Taurœntum que se livra le combat naval entre la flotte de César, commandée par Décimus Brutus, et la flotte de Marseille. Les Marseillais combattirent en héros avec la volonté de vaincre ou de mourir, et, sans le lâche abandon de Nasidius qui s'enfuit avec sa flotte restée intacte, la victoire eut couronné leur bravoure. Pendant la lutte, deux trirèmes marseillaises, avisant la galère amirale romaine montée par Brutus, l'attaquèrent des deux côtés à force de rames ; Brutus, serré de près, échappa à leur choc avec une telle adresse que les deux trirèmes se heurtèrent violemment et furent coulées bas par quelques vaisseaux ennemis. A la suite de ce combat, la ville de Taurœntum fut prise par Brutus et réunie à la colonie d'Arles.

Emus par ces souvenirs, il nous semble assister à cette terrible bataille, ouïr le râle des mourants,

(*) Voir l'*Histoire de Provence,* par Nostradamus. pages 16 et 17.

les cris des blessés, voir le choc des galères et les flots se colorer d'une teinte de sang.

L'origine de Taurœntum ou *Taurœis* est fort ancienne. Des Phocéens montés sur un navire qui avait été séparé de la flotte, abordèrent sur cette plage et y fondèrent une ville ou bourg ainsi appelé à cause d'un taureau sculpté sur la proue du navire.

Comment périt cette fille de Phocée? Abandonnée sans doute à la suite des invasions, elle aura été d'abord saccagée; puis, minée sans cesse par les flots, la plus grande partie de ses monuments auront été engloutis par la mer, et le sable mouvant a recouvert ce que les barbares et les flots avaient respecté.

Nous établissons notre campement au milieu de ruines, sur un rocher battu par les vagues. Pendant que *lei Caminaïres* se délassent dans l'eau, je recueille un fragment de ciment composé d'une grande quantité de morceaux de marbre concassé; les reflets des grains de marbre et la couleur rouge de ciment donnent à ce mélange, d'une grande dureté, l'apparence du porphyre. Je fais aussi provision de fragments de briques de toutes formes, de débris de marbre, de vases et de mosaïques.

Le bain pris, nous nous disposons à attaquer notre déjeuner, lorsque nous sommes tout à coup assaillis par une averse qui nous force à nous réfugier dans le creux d'un rocher où avaient été renfermés deux sarcophages. Cette sorte de chambre sépulcrale sert quelques fois aujourd'hui d'abri aux troupeaux. Un *Caminaïre* fait remarquer au président, parmi les noms écrits sur les parois, celui de F. Mazuy, le poëte-cordonnier (*).

La pluie ayant cessé, nous dirigeons nos pas vers la forteresse des Baumelles. En longeant la plage de la Madrague (**), notre attention est attirée par un fragment de draperies ayant appartenu à une statue et qui a dû servir de lest à quelque barque de pêcheurs. Pendant qu'un *Caminaïre* l'examine, prêt à en prendre le croquis, un *ami de la boutiko, un disciplo de Bacchus*, s'approche en chantant :

> Un pichet de vin doux
> Rend la tête
> Guilleretto,
> Un pichet de vin doux
> Rend les sages fous.

Après nous avoir invités à venir boire quelques *pichets* de vin chez lui, il nous dit : *A Marsilho*

(*) Mazuy (François-Bernard), poëte-cordonnier, né à Marseille le 29 septembre 1813, mort dans cette ville le 30 avril 1862, appartenait à cette pléïade d'ouvriers-poëtes qui fondèrent l'*Athénée ouvrier* en 1845. (Voir l'*Almanach historique de Provence*, par Guédidon, année 1863, page 31).

(**) Antoine de Boyer, seigneur de Bandol et gouverneur de Notre-Dame de la Garde de Marseille, un des plus actifs lieutenants du duc d'Epernon dans les guerres contre les ligueurs de a Provence, obtint d'Henri IV, en 1603, le privilége d'établir cette madrague, en récompense des services qu'il avait rendus en d'autres temps.

avès pas de peiro coumo aco! Laissant notre amateur de *pichet* en contemplation devant sa pierre, nous continuons à cheminer vers l'ancienne forteresse. Au pied du rocher se trouve une usine à plâtre, abandonnée depuis peu ; les outils y sont encore disséminés, comme si les ouvriers venaient à peine d'interrompre leurs travaux. Rien de plus triste que ce spectacle !

A l'aide de nos bâtons ferrés nous gagnons le sommet du rocher, nous pénétrons sur la plateforme de la forteresse et nous faisons flotter le pacifique guidon des *Francs-Caminaires* là où jadis flottèrent de belliqueux étendards.

Ici nous jouissons d'un point de vue incomparable ; à nos pieds, les vagues blanchissent la pointe des rochers ; en face, l'immensité d'un vert sombre à l'horizon qui s'adoucit graduellement pour se fondre, près du rivage, dans les tons transparents de l'émeraude ; à droite, le *Bec de l'Aigle* (*) avec l'*Ile verte* ; à gauche, fuyant vers Bandol, une suite de collines vertes ; sur un second plan, le golfe des Lèques ; plus loin, se détachant du sein de la verdure, les maisons de Saint-Cyr et, au fond du tableau, la montagne de la Sainte-Baume. La pluie recommençant, nous prenons gîte dans la salle de l'ancienne batterie,

(*) Le *Bec de l'Aigle* est un rocher bizarre d'une coupe si aiguë qu'il ressemble effectivement à un bec gigantesque béant sur l'abîme et guettant l'approche des navires pour les dévorer.

(Georges Sand.)

ouverte à tous venants, laquelle ressemble à un
vrai repaire de bandits. Les murailles sont
criblées de noms bizarres et de dessins grotesques.
Au milieu, nous trouvons, fort à propos, une
longue table, entourée de bancs, sur laquelle
notre joyeuse phalange s'empresse d'étaler les
victuailles. Deux *Caminaïres* ont au préalable
jeté, en guise de nappe, sur le meuble rustique,
un grand châle écossais. Pendant ce temps, le
Vatel de la Société dispose le feu pour le café
dans l'âtre d'une grande cheminée, et les autres
Caminaïres s'en vont à la recherche, les uns, de
bois mort, les autres, d'eau potable. Cette scène
est pleine de mouvement et d'entrain. Voilà un
plaisir sain et de bon aloi que ne connaîtront
jamais nos petits crevés des allées de Meilhan!

On fait largement honneur à ce repas improvisé, préférable en ce moment aux fastueux
diners du *Grand-Hôtel* de Marseille.

La nuit qui approche nous invite à remettre
sac au dos et à quitter l'ancien *Castellum*. La
lune, voilée de temps à autre, nous éclaire
faiblement à travers un bois de pins accidenté
de monticules et de ravins. Nous allumons nos
lanternes, nous suivons une *drayo* dont la trace
se perd souvent dans l'épaisseur des taillis, et
nous revenons aux lieux où dort ensevelie sous
le sable et sous les flots, la fille de Phocée, par un
petit chemin bordé d'oliviers énormes, de roseaux
et de belles moissons, qui nous conduit à Saint-Cyr.

Saint-Cyr (*San-Ceris* en provençal), situé à un kilomètre et demi des ruines de *Tauræntum*, s'élève, selon la pittoresque expression de son savant historien (*), sous un berceau de verdure, au milieu d'une riante et fertile plaine, occupée autrefois par la mer. De beaux vignobles et de riches moissons s'étalent aujourd'hui là ou passaient autrefois les galères phocéennes.

Saint-Cyr, ancienne dépendance de la *Cadière*, a été érigé en commune par ordonnance royale du 6 juillet 1825. La superficie de son territoire est de 2,115 hectares, sa population de 2,015 habitants, dont 1,650 disséminés dans la campagne. Les produits du pays sont le vin, l'huile, le blé et les fruits secs.

Les maisons de Saint-Cyr sont d'une propreté remarquable. Les rues sont plantées d'arbres. Ce village qui compte à peine 360 âmes, possède une grande place publique, ombragée de magnifiques platanes, de beaux marronniers, et décorée d'une assez jolie fontaine. Il a aussi une belle église dans le style roman, construite d'après les plans de M. Revoil sur l'emplacement d'un ancien sanctuaire (**) qui était un lieu de pélerinage très-

(*) Le chanoine Magloire Giraud, auteur de divers mémoires sur Tauræntum et d'une intéressante *Notice historique sur l'Eglise de Saint-Cyr*, etc.

(**) Le plus ancien titre où il soit fait nominativement mention de la chapelle *Saint-Cyr* est le testament de Guillaume Vassal, de la *Cadière*, daté du 20 juillet 1361, par lequel il lègue annuellement à cette chapelle une livre d'huile. Le pape Urbain, pour favoriser et augmenter la dévotion des visiteurs, lui accorda certaines faveurs spirituelles par une bulle du 26 juin 1363.

fréquenté depuis les temps les plus reculés ; on y apportait les petits enfants atteints de la maladie appelée en provençal *rasquetto ou maou de San-Ceris.*

Ce quartier, solitaire pendant toute l'année, s'animait tout à coup et revêtait une nouvelle physionomie ; autour de la chapelle rustique se dressaient des baraques improvisées : ici, l'on vendait des instruments aratoires ; là, des images de piété, des croix, des chapelets ; ailleurs, des jouets d'enfants et surtout le nougat, cher de tout temps aux bambins, et sans lequel il n'y a pas de véritable romérage.

Le chemin de fer qui traverse sur deux viaducs le milieu du village et le domine du haut de son remblai, en a un peu gâté la physionomie.

La commune de Saint-Cyr n'a pas d'armoiries ; celles que l'on voit gravées sur une de ses fontaines sont celles de la Cadière : *d'azur à un tabouret d'argent au chef de gueules, chargé de la croix d'or en sautoir,* parce que Saint-Cyr était une dépendance de la Cadière à l'époque où les consuls du chef-lieu firent reconstruire cette fontaine, en 1670.

Après avoir renouvelé nos provisions, nous quittons ce pittoresque village avec le regret que l'heure avancée de la nuit ne nous permette pas de visiter son savant curé, ainsi que son riche cabinet de médailles massaliotes, romaines et byzantines, et son petit musée d'objets antiques découverts dans les ruines de Taurœntum.

En sortant de Saint-Cyr pour aller à Bandol, où nous comptions passer la nuit, nous prenons un chemin des plus pittoresques, tracé au milieu et sur le flanc de collines boisées de pins. Surpris par la pluie, nous débouclons les couvertures et les jetons sur nos épaules en guise de manteaux. Bientôt une forte senteur marine, qui nous est apportée par la brise de la nuit, vient nous avertir que nous touchons au but. Pressés de faire sécher nos couvertures et de trouver un abri, nous nous dirigeons vers le seul hôtel que possède Bandol; nous cognons à la porte pour nous faire ouvrir, mais l'hôtesse fait la sourde oreille et s'empresse d'éteindre la lumière que nous avions vu briller derrière la croisée du premier étage.

Nous n'insistons pas. Après avoir envoyé au diable l'hôtelier, nous longeons le port dans l'intention d'aller nous abriter sous le viaduc de la gare du chemin de fer, quand nous rencontrons sur nos pas le cercle de la Méditerranée qui se trouvait encore ouvert. *Nouesté capoulié*, se rappelant qu'il avait eu l'honneur de compter parmi les membres plusieurs connaissances, nous engage à y entrer. Bien nous en prit, car M. Rouden, le président dudit cercle, apprenant notre mésaventure, s'empresse de nous offrir la plus franche hospitalité, que nous acceptons.

Bandol (en provençal *Bandoou*), situé à 17 kilomètres de Toulon, est bâti au bord de la Méditerranée. Dans un site riant et sain, sous un climat où la gelée est inconnue, où les orangers et les palmiers viennent en pleine terre; l'on y recueille, au cœur de l'hiver, des artichauts, des pois verts et autres primeurs.

Le port de Bandol ne commence à être mentionné dans l'histoire que vers la fin du XVIe siècle. *Nostradamus* raconte que le capitaine Boyer, natif d'Ollioules, rendit de grands services au Roy de France pendant les troubles de la ligue, et que Henri IV lui donna, à titre de récompense, « en fief et à paye morte, à luy et à sa postérité, le fort de Bandor, situé au bord de la mer, » lequel avait été construit par le capitaine Boyer, en exécution des ordres du duc d'Epernon.

Le village de Bandol, qui s'étend le long de la plage, est formé de jolies maisons dont un grand nombre sont baignées par la mer. Il possède une jolie place bien ombragée de magnifiques platanes, ornée d'une jolie fontaine en fonte. C'est au fond de cette place que se trouve l'église à laquelle on monte par huit marches.

La fondation de Bandol remonte à 1715, d'après un acte passé dans le château seigneurial entre le haut puissant seigneur François de Boyer-Foresta, chevalier, seigneur de ce lieu, et les sieurs Pierre Chautard, de la Cadière, — Sauveur Bouilly, du Beausset, — Pierre Ganteaume, du Castellet, — Etienne Cabefigue, Antoine Michel, de la Cadière, — Antoine David, de Marseille,—

et Guilhem Soleilles, de Saint-Nazaire. Les produits du pays sont : les vins, l'huile, la fleur d'immortelle.

> Tu crois dans ma Provence, ô divine immortelle !
> L'hiver, sur les côteaux que le flot bleu dentèle,
> On abrite tes plants comme on cache un trésor ;
> Tes tiges en avril jaillissent sur la touffe,
> Et quand les blés sont mûrs, aux mois où l'on étouffe,
> Ta plante grise érige en bouquets tes fleurs d'or.
>
> (Jean Aicard, *Poëmes de Provence*.)

Si l'on traverse le territoire de Bandol vers le mois de juin, époque où cette si jolie fleur, si persistante que sa durée a fait consacrer aux tombeaux, arrive au degré d'épanouissement nécessaire pour qu'on puisse la cueillir, on est ébloui à la vue de ces immenses champs d'immortelles, semblables à autant de tapis dorés étendus sur la campagne.

Les principales industries de la commune sont la pêche et la tonnellerie qui lui donnent l'aspect d'un vaste atelier. Bandol possède aussi un fort beau pensionnat, créé et dirigé par MM. Vivien, père et fils.

Les armoiries de Bandol sont : d'*azur à une étoile d'or*, avec cette devise : *Dux navigantium salus*.

Le lendemain matin, quand la mer réchauffée par le soleil levant envoie ses parfums à la terre, après avoir remercié de nouveau M. Rouden de son hospitalité tout écossaise, nous allons dresser notre premier campement à la calanque de

Renecros, qui se trouve au-dessous des ruines du château seigneurial autrefois flanqué de tours et dont il ne reste que les fondements. Démoli en 1793, on y établit par la suite une batterie pour défendre la côte.

Le 31 juillet 1707, pendant le siége de Toulon par le duc de Savoie, quelques chaloupes débarquèrent des soldats qui pillèrent le château de Bandol et dévastèrent la campagne. Le comte de Barville, brigadier du roi, étant accouru avec quatre compagnies de grenadiers, les chassa et les força à se rembarquer.

Après le déjeûner, nous grimpons au château d'où le regard embrasse une vaste étendue de pays : *Six-Fours*, le cap de la *Cride*, la montagne du *Faron*, hardie sentinelle de *Toulon*, le cap *Sicié* avec sa chapelle dédiée à la *Vierge de Bonne Garde*, où l'on va en pèlerinage; à nos pieds s'étend la baie limpide où scintillent les mulets, les loups et autres poissons. Je me souviens avec bonheur des pêches merveilleuses que je faisais tous les matins à cet endroit, avec mon ami Charles Poncy, le poëte toulonnais; des *Gobis à la testo de Pébroun*, au moyen de petits colimaçons à coquille blanche employés comme appât. Autour de nous brille l'immense nappe bleue diaprée, par un soleil spendide, de voiles blanches qui passent et disparaissent à l'horizon.

Nous revenons à Bandol et nous nous dirigeons vers Saint Nazaire. En cheminant le long de la

mer, nous rencontrons à un kilomètre de Bandol
la Rivière d'Aran, que les Bandolais appellent
la *Rèpe*. Le chemin de fer y a fait établir un
viaduc de 180 mètres de longueur sur 17 mètres
d'élévation, supporté par neuf arches. Cette
œuvre monumentale, construite à quelques
mètres de la mer, a été dessinée, dans le temps,
pour le *Monde illustré*, par notre célèbre peintre
provençal Cordouan, de Toulon.

Rien de plus pittoresque et de mieux accidenté
que la route qui conduit de Bandol à Saint-
Nazaire où nous ne tardons pas d'arriver. En
longeant un bois d'oliviers et d'amandiers, nous
entendons le chant de la cigale qui me rappelle
ces jolies stances d'Antoinette de Beaucaire :

> Sous uno branco flourido
> Attrouvero un bou matin,
> Uno cigalo poulido
> Que disié soun gai refrain.
>
> Tant m'agradé soun aubado
> Que prenguero soun gritu
> La cantarello afuscado
> Et l'empourtero emé iou.

Saint-Nazaire, *Sanari* en provençal, petite ville
maritime de 3,258 habitants, à 13 kilomètres de
Toulon, se trouve dans un site riant où viennent
l'oranger, le palmier, le grenadier et les primeurs
de toute espèce. Son port, situé au fond d'une
grande et belle rade, sert, comme le port de
Bandol, de débouché aux vins de l'ouest de

l'arrondissement de Toulon. Saint-Nazaire possède un tribunal de prud'hommes.

Cette localité doit son origine à quelques familles de pêcheurs qui, frappées de la beauté de la rade et de la sûreté du mouillage, passèrent avec le seigneur de ce lieu une convention pour y construire leurs habitations vers 1663. Leur nombre ayant considérablement augmenté, ils songèrent à se constituer en corps de communauté, en firent la demande à François de Vintimille, baron d'*Ollioules* et de *Saint-Nazaire*, qui l'accueillit favorablement. Cinq ans plus tard, le roi, par un arrêt de son conseil, ordonna le démembrement de Saint-Nazaire d'avec Ollioules, à la condition que les habitants feraient construire un port qui pût contenir seize galères du roi ; ce qui fut fait.

Aujourd'hui, ce port, dont l'approche est défendu par la batterie du cap Nègre et par celles de Portissol et de la Cride, possède, grâce à l'initiative de son maire, M. Michel, de larges quais conquis sur la mer qui baignait presque les trottoirs des maisons. Dans l'hémicycle de ses quais, on a créé des squares, deux élégantes fontaines surmontées de statues monumentales dues au ciseau habile de notre compatriote Émile Aldebert ; l'une représente la *Navigation*, et l'autre l'*Agriculture* (*).

(*) Voir l'*Almanach historique de Provence*, par Alexandre Guéidon, année 1862, page 57.

Saint-Nazaire s'allonge sur les bords de la plage, abritée par la colline de la *Garde*, au haut de laquelle on a bâti depuis plus de trois siècles une chapelle sous le titre de la *Vierge de la Piété* protectrice des marins (*).

On remarque dans Saint-Nazaire une tour carrée encore assez bien conservée qui, pendant le siége de Toulon, armée de six pièces, força la flotte Anglo-Sarde à se retirer.

Cet événement nous en rappelle un autre, de la même époque, qui fait honneur aux habitants de Saint-Nazaire. « Le 12 août, la flotte des alliés mit des hommes à terre pour faire de l'eau ce qui était assez difficile, car on avait comblé tous les puits. Il n'y avait à ce village qu'un petit détachement, mais les habitants s'armèrent et donnèrent tout d'un coup sur l'ennemi avec tant de succès qu'ils mirent dix hommes sur le carreau et contraignirent le reste à se sauver dans les chaloupes. Peu de temps après, la flotte tira quelques volées et remit à la voile. » (Relation de M. Devize.)

Saint-Nazaire est la patrie du brave Barthélemy de Don, qui parti comme matelot parvint, par sa valeur, au grade de capitaine de vaisseau. Il fut tué en 1710, en se rendant maître d'un navire de guerre anglais.

(*) C'est dans le creux formé par la base de cette colline que se trouve le chantier de construction.

Les produits du pays sont le vin, l'huile et le blé;
la superficie de la commune est de 1,924 hectares.

Les armoiries de Saint-Nazaire sont : *d'azur, à
une tour d'argent, sommée d'un croissant du même,
la tour maçonnée de sable, ajourée d'une porte et
de deux lucarnes du même et côtoyée de deux palmes
d'or, les tiges passées en sautoir.*

Ayant renouvelé nos provisions de bouche et
nous étant procuré du poisson, en côtoyant la
plage, nous allons établir notre deuxième campement sur les bords de la *Rèpe* « rivière qui prend
sa source sur le territoire d'Evenos, coule entre ce
territoire et celui du Beausset, reçoit la Béren-
guière, arrose les terres d'Ollioules et se jette
dans la mer près de Saint-Nazaire. »

Le diner terminé, nous plions nos tentes,
et remettant sac au dos, nous nous dirigeons vers
Six-Fours. Nous ne tardons pas à y arriver,
après avoir gravi une colline boisée, extrêmement
accidentée où le paysage, changeant à chaque pas,
déroule des tableaux aussi variés que pittoresques.

> Nous admirons des champs la féconde culture,
> Les côteaux couronnés de fleurs et de verdure ;
> A l'entour d'un vieux toit que dorait le couchant,
> Nous suivions les oiseaux dans leur vol triomphant,
>   JULES CANONGE.

Six-Fours — *Siei-Four*, en provençal — situé
à 11 kilomètres de Toulon est bâti au sommet
d'une colline conique couronnée par les ruines d'un
château fort ayant appartenu à la reine Jeanne,

comtesse de Provence, reine de Naples et de Sicile, et une belle église du IV° siècle classée parmi les monuments historiques (*). Quand on a gravi, à travers les décombres, le point culminant, le regard embrasse des plaines fertiles où s'éparpillent les 68 petits hameaux qui forment la commune de Six-Fours, le cap Sicié, l'île des Ambiers (**), le petit port du Brusq (***), Saint-Nazaire, Bandol, et au loin, dans la brume, La Ciotat avec le Bec de l'Aigle ; à gauche les collines d'Ollioules, d'Evenos, le mont Faron, Toulon et sa rade couverte d'une forêt de mâts, la Seyne, avec ses ateliers et ses chantiers populeux, la presqu'île du cap Sepet où se trouvent Saint-Mandrier et la tombe de Latouche - Tréville, plus loin les îles d'Hyères et servant de fond à ce magnifique tableau, l'un des plus beaux des côtes de Provence, la mer montrant à chaque flot des paillettes d'or.

La commune de Six-Fours est d'une origine fort ancienne. Son territoire s'étendait autrefois jusqu'à la grande mer, et comprenait les montagnes de *Sicié* et de *Sepet* : il renfermait une nombreuse

---

(*) Dans cette église, l'une des plus curieuses de la Provence, on voit un vieux tryptique remarquable et plusieurs toiles d'une certaine valeur.

(**) Le sol de cette île a été complètement dévasté par une fabrique de produits chimiques qui y a fonctionné pendant quelques années ; on n'y voit plus aujourd'hui qu'un poste de douane, une batterie et un marais salant.

(***) Le petit hameau du Brusq, en face de l'île des Ambiers, est habité par quelques familles de pêcheurs. Son mouillage est apprécié.

population qui est descendue des hauteurs pour se disséminer dans la plaine. Aujourd'hui il ne reste plus sur la colline que quelques maisons qui s'obstinent à rester debout au milieu des ruines amoncelées autour d'elles.

C'est là que nous dressons notre campement au-dessous du sémaphore (*) construit en 1860 sur une ancienne tour carrée, à côté d'une chapelle du XVe siècle. Pendant que deux *caminaïres* préparent la soupe au fromage ainsi que le café, les autres, assis sur des décombres, causent des souvenirs historiques, des légendes, des traditions populaires et des luttes que les habitants de Six-Fours eurent à soutenir contre les Sarrasins. Ils n'oublient pas le fameux massacre qui fut fait de ces mécréants en 950. Les loustics de la bande ne manquent pas de s'égayer sur la douleur de ces deux veuves légendaires qui, apprenant à Toulon la mort de leurs maris décédés en pleine mer, s'interpellèrent en disant : *Coumaïre, es eici que plouran vo anan ploura à Siei-Four?*

Les produits du territoire sont le vin et l'huile; il y a aussi des fabriques de tuiles et des salines à l'île des Ambiers.

(*) *Sémaphore*, télégraphe usité sur les côtes et dans les ports, et destiné à faire connaître les arrivées ainsi que les manœuvres des bâtiments venant du large ou naviguant en vue des côtes et devant les ports. C'est un mât établi sur la côte, au sommet d'une tour, où les guetteurs font les *signaux* dits *de côte*. Ces signaux s'effectuent ordinairement à l'aide de trois ailes tournant autour d'un axe, et susceptibles de former toutes sortes d'angles avec le mât auquel elles sont fixées. On se sert aussi de plusieurs petits pavillons à couleurs variées.

Les armoiries de Six-Fours sont : de *gueules à une coquille d'argent ombrée de sable*. Cette commune a donné le jour à Victor Martin, auquel un brillant avenir semblait destiné et qui est mort à l'âge de 22 ans. Il était peintre, poëte et musicien, et ses diverses œuvres avaient été fort remarquées (*).

Après avoir jeté un dernier regard sur ce vaste et magnifique panorama, nous descendons par un sentier assez rude à travers les oliviers ; nous prenons ensuite un chemin bien sablé, ombragé de pins. Avant d'arriver à la grande route nous rencontrons un individu à qui un caminaïre demande le nom d'une grande agglomération de maisons qui domine une belle église. Il lui répond : *Aco es Reynier, on y trouve de quoi boire et manger et même y coucher*. Ce bon français nous suffisant, nous remercions le *quidam* et nous continuons à *caminer* vers la Seyne.

Tout en cheminant, nous admirons les riches plaines rayées d'oliviers, de vignes et de blé, en laissant derrière nous la colline à pain de sucre de Six-Fours. Bientôt nous suivons un chemin bordé de bastidons avec de tout petits jardins qui nous rappellent ceux des environs de Marseille

Nous voici sur le cours de la Seyne, jolie promenade ornée de magnifiques platanes, où se trouve le beau collége des Pères Maristes, ayant

(*) Voir sa biographie dans l'*Athénée de Provence*, par Alexandre Guéidon, page 152.

une école spéciale pour la marine. Le bâtiment
est vaste; l'image de la Vierge se dresse au
milieu de la façade sous la corniche du tympan.

La Seyne, ancienne dépendance de Six-Fours,
a été érigée en commune par lettres patentes de
juillet 1657. La superficie de son territoire est de
2708 hectares; sa population de plus de 12,000,
était en 1841 de 6,500 seulement. Les produits du
pays sont le vin, l'huile et le blé, mais ce qui fait
son importance ce sont les ateliers de la Compagnie des Forges et Chantiers de la Méditerranée
qui occupent plus de 3,000 ouvriers à la construction de navires de guerre, pour le compte de
presque tous les Etats de l'Europe.

La fondation de la Seyne ne remonte pas au-
delà du XV° siècle : elle fut habitée d'abord par
des pêcheurs. Mais sa situation au fond du golfe
de Toulon et la fertilité de son sol ayant ensuite
attiré des habitants de Six-Fours et des villages
voisins, le nombre des maisons augmenta et il s'y
forma peu à peu un bourg considérable. Ce bourg
est devenu aujourd'hui une jolie petite ville, aux
maisons élégantes, dotée d'un port dont les quais
mesurent jusqu'à 700 mètres de développement.

La Seyne est la patrie de Pascal, avocat au
parlement d'Aix, profond jurisconsulte, de F. de
Vassé, habile sculpteur, dont le ciseau a décoré la
métropole de Paris et divers monuments de cette
capitale.

Les armes de la Seyne sont : d'*azur à deux*

poissons d'argent l'un sur l'autre, le second con-
tourné et un chef cousu de gueules chargé de cinq
pains d'or posés trois et deux.

Au moment où nous débouchons sur le port, nous apercevons, prêt à partir, l'un des petits bateaux à vapeur qui font le trajet de la Seyne à Toulon, à travers la petite et la grande rade. Alléchés par le plaisir de faire 5 kilomètres en bateau à vapeur pour 25 centimes, nous prenons place à bord, nous promettant bien, dans une prochaine excursion, de pousser jusqu'à Saint-Mandrier.

Le bateau à vapeur ne nous laisse pas le temps d'examiner le coup d'œil splendide et animé que présente la rade. Nous filons à travers des vaisseaux et des frégates cuirassés, majestueux dans leur immobilité, des canots sveltes et légers coupant l'eau symétriquement et en cadence, par brassées égales, de leurs avirons qui miroitent au soleil. Une multitude d'embarcations glissent de tous côtés sur la nappe azurée.

Nous débarquons bientôt sur le quai de notre grand port maritime.

C'est sur ce quai charmant rayé de briques roses,
Que se tordent, sculptés en de puissantes poses,
Soutenant un balcon massif, scellés au mur,
Les Atlas de Pujet, la face vers l'azur,
Fermant les yeux blessés des lumières du large.

JEAN AICARD.

Toulon est une grande, belle et forte ville de 69,127 habitants; port de guerre de 1ʳᵉ classe, située à 67 kilomètres de Marseille, assise dans une excellente position, sur un terrain légèrement incliné vers la mer, au pied de montagnes nues et arides qui la dominent et au fond d'une baie profonde dont l'entrée est presque fermée par la presqu'île de Sepet.

La ville et le port sont défendus par un grand nombre de forts et de batteries. Ce sont le fort et la redoute du Faron, et le fort Rouge, qui couronnent les hauteurs au nord de la ville ; à l'ouest, le fort Malbousquet, considérablement agrandi dans ces dernières années ; à l'est , le puissant fort Lamalgue ; sur les côtes, les forts Saint-Louis, Sainte-Marguerite, Cap-Brun, l'Aiguillette, Caire ou Napoléon, Balaguier , la grande batterie de la Caraque et la Grosse-Tour, etc.

L'origine de la ville de Toulon est, comme tant d'autres villes, enveloppée des plus épaisses ténèbres.

Quelle que soit au demeurant l'antiquité de sa fondation, il est bien avéré que cette bourgade ne commença à prendre quelque consistance que très-tard, dans le courant du moyen-âge, et que du temps de la domination romaine, *Telo-Martius*, devenu plus tard *Tholon* ou *Tollon*, suivant l'orthographe des siècles passés, n'eut point l'importance dont jouissaient Antibes, Fréjus, Hyères, mais son accroissement devint assez rapide du treizième au quinzième siècle.

Ruinée successivement par les barbares du Nord

et les Sarrasins, Toulon ne se releva au X⁰ siècle que pour subir au XII⁰, les ravages des pirates. Gouvernée par des seigneurs particuliers, elle se soumit, en 1259, à Charles d'Anjou ; mais elle conserva certaines franchises, et reçut de la reine Jeanne le titre de commune.

Les avantages que l'on pouvait tirer de sa belle position n'échappèrent point à l'œil pénétrant de Louis XI. Ce prince imprima une vigoureuse impulsion au commerce de cette ville, en lui accordant des priviléges extraordinaires. Ses successeurs, ayant tourné leurs vues vers les guerres d'Italie, songèrent à faire de Toulon un port militaire. Louis XII commença la construction de la Grosse-Tour, qui fut achevée par François 1er. Ces travaux de défense n'empêchèrent pas l'armée de Charles-Quint de se rendre maître de Toulon. André Doria, l'amiral des forces navales de l'empereur attachait tant de prix à sa possession qu'il disait à son maître : « Prenez Toulon et vous serez souverain de la Provence. » La prédiction de Doria ne se vérifia point, grâce au patriotisme des Provençaux.

Henri IV, après son avènement au trône, avait tourné son attention vers la marine militaire. Jugeant que la France, en raison de l'étendue de ses côtes, pouvait devenir la première puissance maritime, il fit bâtir les deux môles destinés à envelopper le port, recula les remparts et bâtit les deux forteresses Ste-Catherine et St-Antonin.

Richelieu, en sa qualité de surintendant des mers, ayant visité Toulon, désigna le côteau de Lamalgue pour devenir l'emplacement d'une citadelle dont les canons pourraient foudroyer les vaisseaux ennemis qui tenteraient l'entrée du port. Sous Louis XIV, l'art des fortifications épuisa ses prodiges en faveur de Toulon ; en peu de temps, l'entrée de la rade fut défendue par les forts de l'Aiguillette et de Saint-Louis, et tous les points accessibles à une descente furent fortifiés par de nombreuses batteries. Ainsi protégé, on décida que Toulon deviendrait le port militaire de la Méditerranée et que l'on y construirait les vaisseaux nécessaires pour assurer la prééminence de la France dans le midi de l'Europe et même dans le Levant.

Vauban fit creuser un autre port, tracer une nouvelle enceinte sur laquelle devaient être bâtis les ateliers nécessaires à la construction des vaisseaux de guerre. Il y fit élever une corderie, bâtiment de 320 mètres de long, divisé en deux étages.

En 1670, Colbert ordonna que la majeure partie des forçats retenus sur les galères de Marseille seraient transférés à Toulon pour y être employés aux travaux les plus pénibles de l'Arsenal.

Au moment où l'on s'y attendait le moins, l'on vit sortir de Toulon des escadres formidables qui allèrent humilier Gênes, dicter des lois à Venise et bombarder Alger.

En 1701, l'Europe s'étant coalisée contre la France, à l'occasion de la succession du trône d'Espagne, le duc de Savoie et le prince Eugène, pénétrèrent en Provence par le Var ; ils s'avancèrent vers Toulon, ne doutant pas de l'enlever du côté de terre, pendant que la flotte, composée de quarante-huit vaisseaux anglais ou hollandais bloquerait la rade. Tous leurs efforts vinrent échouer devant le courage des Toulonnais et les savantes dispositions du maréchal de Tessé. Les Alliés, privés de vivres, harcelés par les paysans provençaux, levèrent le siége au bout d'un mois et regagnèrent le Var, après avoir perdu dix mille hommes, leurs bagages et la moitié de leur artillerie.

Sous le règne de Louis XV, Toulon vit encore augmenter son importance et terminer le beau quai qui longe l'Hôtel-de-Ville. Sous Louis XVI fut achevé le magnifique hôpital de la Marine.

Livré aux Anglais en 1793, il fut repris sur eux la même année. Avant d'abandonner Toulon, les Anglais mirent le feu aux vaisseaux français que renfermait le bassin et portèrent la torche dans les établissements de l'Arsenal. Le dommage fut des plus considérables; une partie de la population se dévoua pour arrêter les progrès de l'incendie; les forçats eux-mêmes se jetèrent dans les flammes afin de sauver les édifices et les vaisseaux embrasés. C'est dans ce dernier siége que se révéla le génie de Bonaparte, alors âgé de 23 ans et commandant d'artillerie.

Napoléon 1ᵉʳ dota Toulon de deux nouveaux bassins et d'un fort appelé fort Napoléon. Louis-Philippe fit construire sur la crête des montagnes qui dominent la ville, la *Tour du Faron* ainsi que des redoutes reliées par des routes stratégiques à des casernes retranchées. Enfin, Napoléon III décréta l'agrandissement de Toulon, au nord de son enceinte, la démolition des anciens remparts et la construction de nouvelles fortifications.

Toulon est divisé en vieille et nouvelle ville. Cette dernière est très-bien bâtie, les rues en sont tirées au cordeau et présentent la même disposition que les quartiers neufs de Marseille. Quant à la vieille ville, les rues sont étroites, mais propres et bien pavées, bordées de trottoirs le long desquels coule une eau abondante et limpide. Les principales places sont ornées de jolies fontaines.

Toulon possède une préfecture maritime, un tribunal de première instance, un tribunal maritime, une chambre et un tribunal de commerce, une direction des douanes, une bibliothèque publique, un collége, une école d'hydrographie et une école de médecine navale.

La marine de l'Etat, par ses immenses approvisionnements de toute espèce et par son nombreux personnel, alimente à elle seule le commerce de Toulon et en fait toute l'importance.

Le premier évêque de Toulon fut, selon les uns, Saint-Honorat, au Vᵉ siècle; selon les autres, au VIᵉ, Saint-Cyprien, dont la mémoire est encore très-vénérée.

Parmi les hommes remarquables qui ont reçu la naissance dans les murs de Toulon, on distingue Thomas de la Valette, septième général des prêtres de l'Oratoire, l'amiral Truguet (*) commandant des flottes françaises sous le premier empire, le capitaine de vaisseau Dinfernet, commandant l'*Intrépide* à Trafalgar, auquel l'empereur Napoléon 1ᵉʳ dit : « Si tous les capitaines s'étaient conduits comme vous à Trafalgar, la victoire n'eut pas été inconstante » ; le célèbre sculpteur Hubac qui, chargé de la restauration des Cariatides de Puget (1827) pleurait en les couvrant de baisers, Millet Mureau, officier général de génie, ministre de la guerre sous le Directoire, auteur du voyage de La Pérouse, etc.

Les armoiries de Toulon sont d'*Azur à une Croix-d'Or.*

En allant admirer les cariatides de notre compatriote Pierre Puget , le Michel-Ange français, qui soutiennent le balcon de l'Hôtel-de-Ville, en face, nous remarquons le *génie de la navigation,* colossale statue de bronze, œuvre de Daumas, artiste toulonnais, élève de David d'Angers. De là, nous allons voir la porte monumentale de l'Arsenal et la place du Champ de bataille. Cette place, une des plus belles de France, plantée de deux doubles rangs d'arbres, forme un carré parfait; c'est sur l'un de ses côtés que s'élève le magnifique hôtel de

(*) Voir sa biographie dans le *Plutarque Provençal* publié par Alexandre Guéidon, Marseille.

la Préfecture maritime; ensuite nous nous dirigeons vers le grand théâtre, l'un des plus
beaux de France (*). C'est là que nous avons le
plaisir de rencontrer le poète provençal Peladon,
petit-fils de l'auteur de *Maniclo* (**). J'aurais
volontiers conduit les *caminaires* chez MM. Charles
Poncy, Octave Teissier, Cordouan, l'un des
peintres les plus habiles et les plus vrais de la
nature provençale et Letuaire, surnommé le
Gavarni provençal, à cause de ses études de mœurs,
mais l'heure nous presse et nous nous dirigeons
vers la gare pour rentrer dans la vieille cité
phénicienne.

La vapeur siffle, le train dévore l'espace : bientôt nous nous écrions : Massiliam! Massiliam!

(*) Voir les ouvrages de nos amis et collaborateurs :
Une journée à Toulon, par Octave Teissier,
Guide Toulonnais. par D. M. S. Henry.
Le Siége de Toulon, par de La Londe.
(**) Voir sa biographie dans l'*Almanach historique de Provence*,
par Guéidon.

V.

Mont de la Sainte-Baume, ô calme solitude !
Quel pèlerin perdu dans tes chemins ombreux
N'a pas un peu senti sa morne inquiétude
S'endormir dans la paix de tes bois ténébreux?
                                    Hyp. Maquan.

Dans l'une de nos réunions, il avait été décidé que les *caminaires* iraient à la Sainte-Baume, car c'est un pèlerinage que tout bon provençal doit faire au moins une fois dans sa vie.

Munis donc d'une lettre de recommandation pour le T. R. P. Hoffmann, supérieur du couvent de la Sainte-Baume, nous quittons Marseille par une belle soirée du mois de juillet 1869.

Des myriades d'étoiles, scintillaient sur l'immense étendue du ciel, quand nous arrivons au village de la Pomme, renommé par ses *paquets* ou Tripes à la mode de Caen.

C'est à la Pomme que se trouvait autrefois la

prise de l'ancien aqueduc de Marseille qui venait aboutir à la caserne des Présentines dans un vaste réservoir qui distribuait l'eau à toute la ville.

A quatre kilomètres plus loin, nous côtoyons le village de Saint-Marcel, qui est traversé par la route de Toulon et par l'Huveaune, petite rivière bordée de prairies et de grands arbres. Ce cours d'eau prend sa source au pied de la Sainte-Baume, entre Nans et Saint-Zacharie, arrose Auriol, Roquevaire, Aubagne, la Reynarde, une partie du territoire de Marseille et se jette dans la mer au golfe du Prado, après avoir reçu le ruisseau de Jarret près de Sainte-Marguerite.

Dans un titre de 1054, Saint-Marcel est appelé *Castellum Massiliense*. C'était une prébende affectée à un chanoine de la Major. Le château était assis sur la colline qui domine la route nationale de Toulon; son seigneur avait une juridiction particulière qui s'étendait sur plusieurs villages et séparée de celle de la ville de Marseille à laquelle Saint-Marcel fut réuni en 1790. Au-dessus du village on remarque un joli château moderne appartenant au marquis de Forbin d'Oppède et la vieille chapelle de N. D. de Nazareth.

Bientôt nous arrivons à Saint-Menet, au moment où la fanfare de la localité exécutait de forts jolis morceaux. Après l'avoir saluée avec nos clairons nous continuons notre route. « L'église de Saint-Menet remonte au XIe siècle ; le pape Luce III la prit sous sa protection, elle dépendait avant la

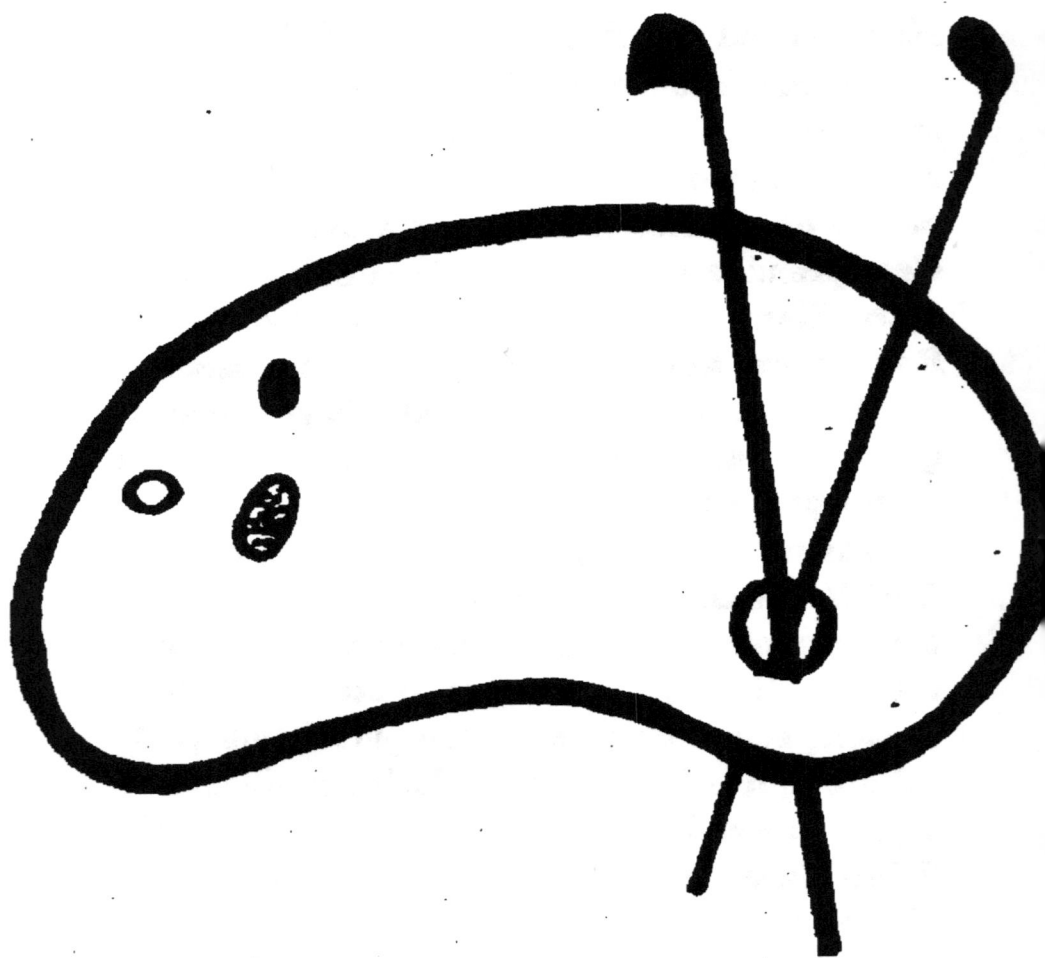

**DEBUT D'UNE SERIE DE DOCUMENTS
EN COULEUR**

BIBLIOTHÈQUE PROVENÇALE.

A TRAVERS
LA PROVENCE

PAR

UNE SOCIÉTÉ DE TOURISTES

IMPRESSIONS DE VOYAGE

DESCRIPTIONS PITTORESQUES

HISTOIRES, LÉGENDES, ETC.

MARSEILLE

ALEXANDRE GUÉIDON

—

MDCCCLXXV.

—

En vente chez tous les Libraires

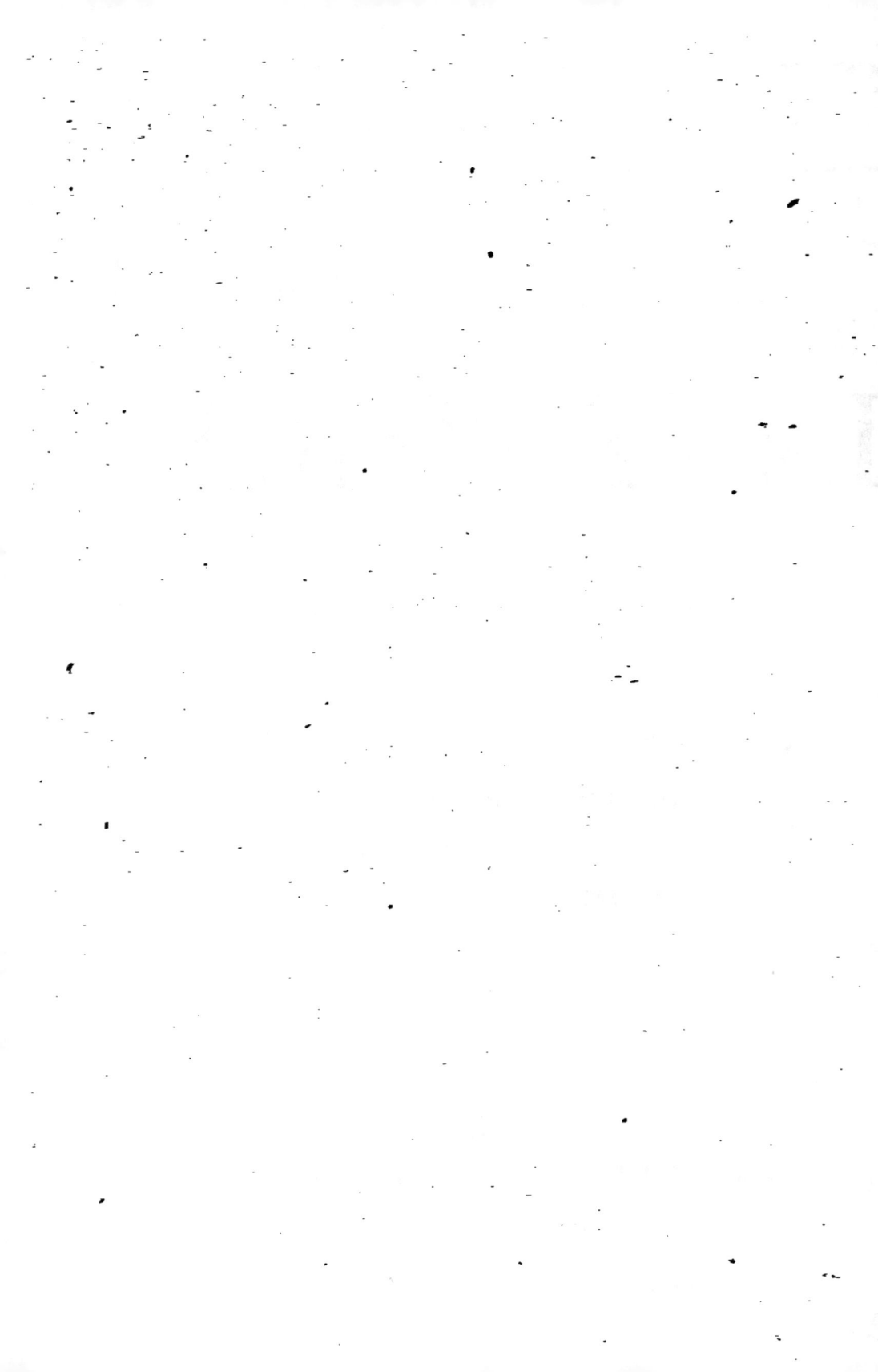

BIBLIOTHÈQUE PROVENÇALE.

A TRAVERS

LA PROVENCE

PAR

UNE SOCIÉTÉ DE TOURISTES

IMPRESSIONS DE VOYAGE

DESCRIPTIONS PITTORESQUES

HISTOIRES, LÉGENDES, ETC.

MARSEILLE

ALEXANDRE GUÉIDON

MDCCCLXXV.

En vente chez tous les Libraires

A TRAVERS

LA PROVENCE

PAR

UNE SOCIÉTÉ DE TOURISTES

IMPRESSIONS DE VOYAGE

DESCRIPTIONS PITTORESQUES

HISTOIRES, LÉGENDES, ETC.

MARSEILLE

ALEXANDRE GUÉIDON

MDCCCLXXV.

En vente chez tous les Libraires

A TRAVERS
LA PROVENCE

Impressions de Voyage, Descriptions pittoresques,
Notices, Légendes, etc.

PAR

UNE SOCIÉTÉ DE TOURISTES

MARSEILLE
ALEXANDRE GUEIDON

MDCCCLXIV.

Se vend chez tous les Libraires

A TRAVERS
LA PROVENCE

Impressions de Voyage, Descriptions pittoresques,
Histoires, Légendes, etc.

PAR

UNE SOCIÉTÉ DE TOURISTES

MARSEILLE
ALEXANDRE GUÉIDON

—

MDCCCLXXVI.

—

En vente chez tous les Libraires

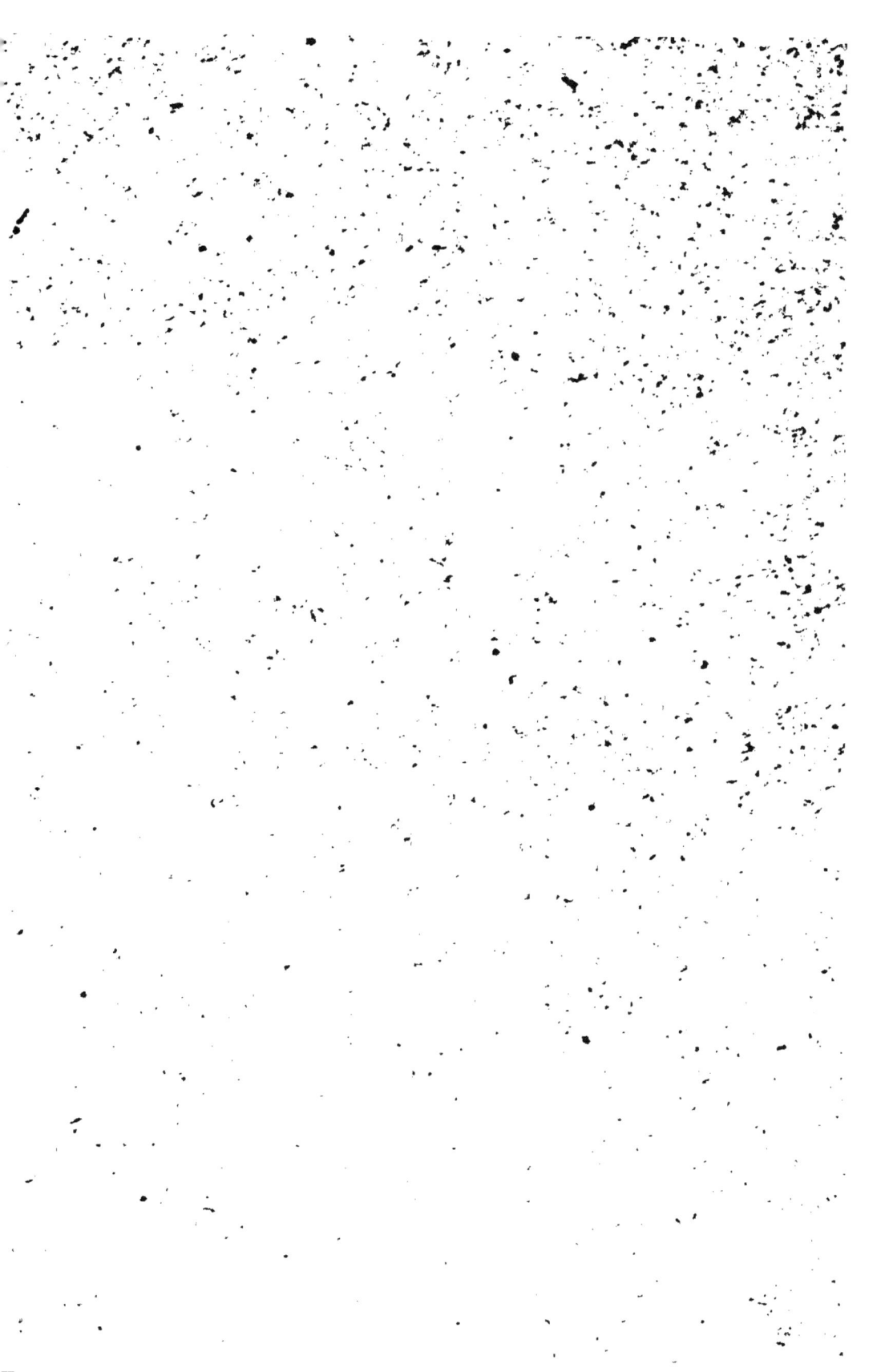

Vingt-unième année.

ALMANACH HISTORIQUE

Biographique et littéraire

DE LA

PROVENCE

REVUE ANNUELLE

Par Alexandre GUINDON,

Fondateur-directeur du Plutarque provençal,

AVEC LE CONCOURS DE SAVANTS, D'ARTISTES ET DE GENS DE LETTRES.

Un vol. in-8°, orné de vignettes sur bois

Prix 1 franc (franco).

ON SOUSCRIT :

A MARSEILLE

AU BUREAU DE LA DIRECTION

Rue St-Sépulcre, 12.

A PARIS

A LA LIBRAIRIE L. PLON ET Cie

Rue Garancière, 12.

Clecy. — Imp. J.-M. Desoule, place de l'Hôpital.

Vingt-unième année.

ALMANACH HISTORIQUE

Biographique et littéraire

DE LA

PROVENCE

REVUE ANNUELLE

Par Alexandre GUÉRDON,

Fondateur-directeur du Plutarque provençal,

AVEC LE CONCOURS DE SAVANTS, D'ARTISTES ET DE
GENS DE LETTRES.

Un vol. in-8°, orné de vignettes sur bois

Prix 1 franc (franco).

———

ON SOUSCRIT :

A MARSEILLE

AU BUREAU DE LA DIRECTION

Rue St-Séputcre, 12.

A PARIS

A LA LIBRAIRIE L. PLON ET Cie

Rue Garancière, 12.

Clany . — Imp. J.-M. Discouls, place de l'Hôpital.

ALMANACH HISTORIQUE

Biographique et littéraire

DE LA

PROVENCE

REVUE ANNUELLE

Par Alexandre ~~~~~~~,

Fondateur-directeur de l'Almanach provençal,

AVEC LE CONCOURS DE SAVANTS, D'ARTISTES ET DE
GENS DE LETTRES.

Un vol. in-8°, orné de vignettes sur bois

Prix 1 franc (franco).

ON SOUSCRIT :

A MARSEILLE   A PARIS

AU BUREAU DE LA Direction   A LA LIBRAIRIE L. PLON ET Cie

Rue ~~~~~~~~~, 16.   Rue ~~~~~~~~~, 8.

~~~~ — ~~~~~~~~~~~~~~~~~~~~~~~~~

Vingt-unième année.

ALMANACH HISTORIQUE

Biographique et littéraire

DE LA

PROVENCE

REVUE ANNUELLE

Par Alexandre GUÉRDON,

Fondateur-directeur du Plutarque provençal,

AVEC LE CONCOURS DE SAVANTS, D'ARTISTES ET DE GENS DE LETTRES.

Un vol. in-8°, orné de vignettes sur bois

Prix 1 franc (franc).

ON SOUSCRIT :

A MARSEILLE	A PARIS
AU BUREAU DE LA DIRECTION	A LA LIBRAIRIE L. PLON ET cie
Rue St-Sépulcre, 12.	Rue Garancière, 12.

Clichy. — Imp. J.-M. Dexpoux, place de l'Hôpital.

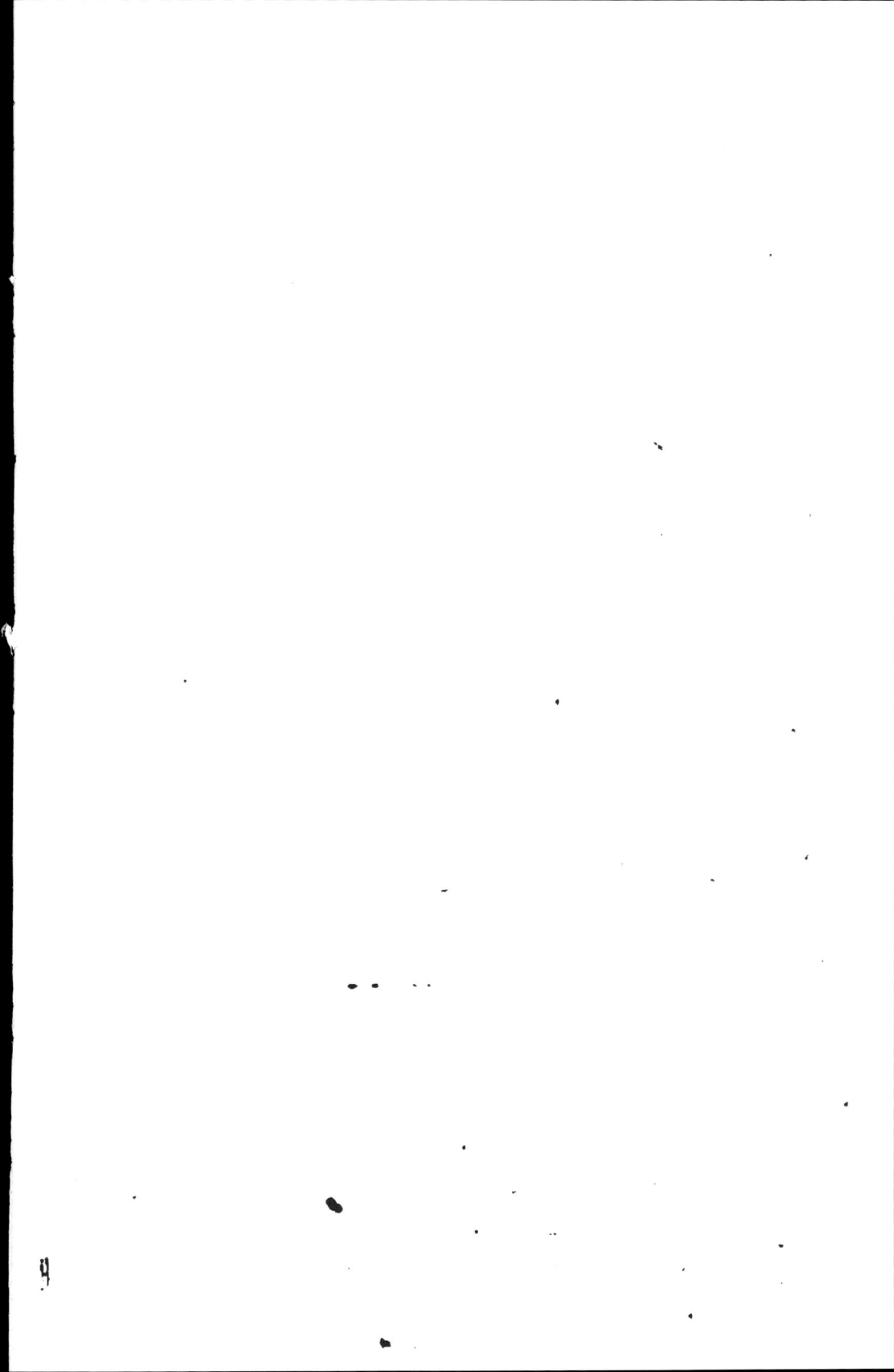

Vingt-unième année.

ALMANACH HISTORIQUE

Biographique et littéraire

DE LA

PROVENCE

REVUE ANNUELLE

Par Alexandre GUÉDON,

Fondateur-directeur du Plutarque provençal,

AVEC LE CONCOURS DE SAVANTS, D'ARTISTES ET DE
GENS DE LETTRES.

Un vol. in-8°, orné de vignettes sur bois

Prix 1 franc (franco).

ON SOUSCRIT :

A MARSEILLE

AU BUREAU DE LA DIRECTION

Rue St-Sépulcre, 12.

A PARIS

A LA LIBRAIRIE L. PLON ET Cie

Rue Garancière, 13.

Cluny. — Imp. J.-M. Dumoulin, place de l'Hôpital.

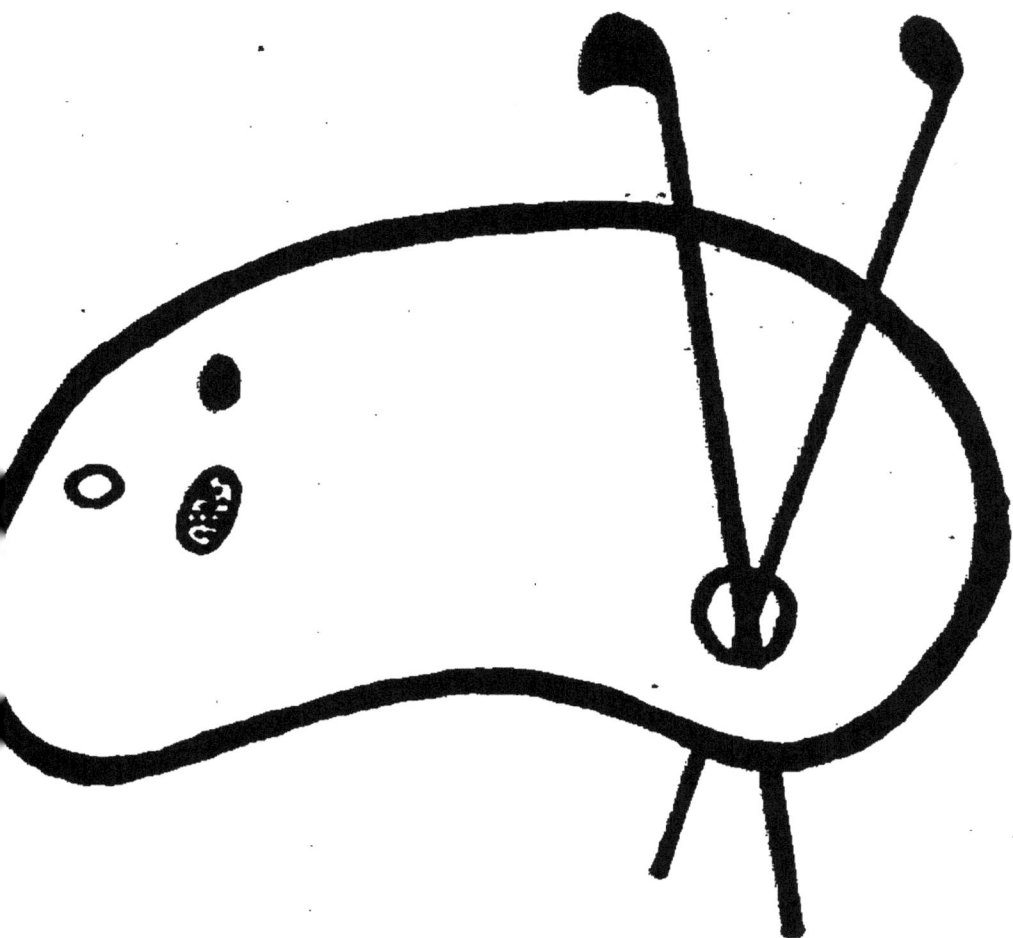

FIN D'UNE SÉRIE DE DOCUMENTS
EN COULEUR